ATEM EKSTASE

REBIRTHING

ATEM EKSTASE

BURKHARD SCHROEDER

REBIRTHING

SYNTHESIS VERLAG

Lektorat: Gerhard Juckoff, Schwalmtal
Satz: Typografischer Betrieb ZERO, Rheinberg
Druck: Schiborr GmbH, Mülheim
Coverentwurf: Burkhard Schroeder & Siegmar Gerken
unter Verwendung des Rebirthing Zeichens
Coverausführung: Ingrid Breiding, Düsseldorf

ISBN 3-922026-43-5

Inhalt

I. Teil

Einleitung: Der Atem als Brücke

Hast du schon einmal deine Atmung beobachtet? Sicherlich, du weißt, daß du außer Atem kommen kannst, wenn du dich anstrengst, daß du ruhig und tief atmest, wenn du schläfst, und schnell atmest, wenn du liebst, erregt bist oder dich aufregst. Da bleibt mir die Luft weg, hast du vielleicht schon einmal gesagt oder: Es herrscht heute eine atemberaubende Stimmung. Gehörst du zu denjenigen, die einen langen Atem haben, oder verschlägt es dir leicht den Atem?

Es gibt eine enge Beziehung zwischen Atem und Leben, diese drückt sich nicht nur in der Sprache aus. Der Atem reagiert äußerst empfindlich auf unsere psychische Verfassung. Videoaufnahmen schwer Depressiver zeigen, daß sie wesentlich weniger atmen und sich bewegen.

Die enge Beziehung zwischen Atem und Psyche haben sich viele verschiedene Therapieschulen zunutze gemacht. Es gibt Atemschulen, die bewußtes Atmen unterrichten, Therapeuten achten bei ihrer Arbeit nicht nur auf das gesprochene Wort des Klienten, sondern auch darauf, wie er atmet. Wilhelm Reich war im Westen einer der Pioniere, die die Wirkung der Atmung auf psychische Prozesse erkannt haben.

Aber die Bedeutung des Atems war und ist vielen Kulturen schon immer bewußt gewesen. Die Inder entwickelten systematisch Atemtechniken, die der Beeinflussung des Körpers, der Psyche und des

Geistes dienen. Diese Techniken werden oft nur in persönlichen Begegnungen zwischen Schülern und Meistern weitergegeben und gelten als geheim. Viele Traditionen des Ostens halten den Atem für ausreichend, um an sich zu arbeiten, sie experimentierten Jahrtausende mit diesem einen Ansatz. Viele haben so zur Erleuchtung gefunden. Ohne im einzelnen diese Techniken zu beschreiben, lassen sie sich doch unterscheiden: Die einen wollen den Atem kontrollieren, entwickelten z. B. bestimmte Atemrhythmen und erforschten deren Auswirkungen (Pranajama). In verschiedenen buddhistischen Schulen beobachtet man nur den ein- und ausströmenden Atem und überläßt sich der Atmung (Vipassana). Bei den Schamanen sucht man bestimmte natürliche Atemimpulse und überläßt sich ihnen (Candomblé).

Die Extreme schwanken also zwischen totaler Kontrolle, die dann bestimmte Leistungen zeigt, wie zum Beispiel bei Yogis, die sich tagelang lebendig begraben lassen, und dem nicht-eingreifenden Beobachten der meditierenden Mönche.

Das alles ist möglich, weil die Atmung eine Sonderstellung unter unseren Körperfunktionen einnimmt. Sie läuft zum einen automatisch-unbewußt ab und läßt sich dennoch willentlich beeinflussen. Damit bildet sie eine Brücke zwischen Körper und Geist und, wie wir später erfahren werden, zwischen innen und außen, Mensch und Kosmos.

Hierin liegt die Chance, diese Brücke auch zu benutzen. Sie ist natürlich; es gibt keinen, der sie sich ausgedacht hat. Sie ist in jedem, der atmet, von Beginn an vorhanden; es gibt nichts, das es da eigentlich zu erlernen gäbe oder hinzuzufügen. Wir können der Brücke trauen, daß sie uns trägt. Wohin sie uns trägt, davon handelt dieses Buch. Und dich zu ermutigen, sie zu betreten, ist mein Wunsch.

So ist dies bestimmt kein neues Buch über Therapie, kein neues Spiel, das ich in die Welt setzen möchte; kein neuer Glaube, an den du dich halten kannst — vielmehr eine Erinnerung an *deine* natürlichen Anlagen zu Heilung, Transzendenz und Transformation.

Vom Wachstum

Laß dir jetzt einfach eine Geschichte über das Wachstum erzählen.

König Thung lebt in seinem goldenen Palast. Es gab schon seit Jahrzehnten keinen Krieg mehr und keine materiellen Sorgen. Der König umgab sich mit den begabtesten Künstlern seines Landes, und Philosophen ebenso wie Mönche vieler Schulen waren am Hof gern gesehen. Dennoch blieb der König im Grunde seines Herzens unbefriedigt. Es war wie ein Durst, der durch nichts gelöscht werden konnte. Manchmal auch das Gefühl der Schwere und Hoffnungslosigkeit, das durch nichts veränderbar schien. Große Dispute über den Sinn des Lebens wurden am Hof gehalten, und der König ließ sich ständig von den Ergebnissen berichten und hörte so auch von einem Weisen, der in einem Nachbarland lebte und von dem man sich erzählte, daß er die Geheimnisse des Lebens und der Schöpfung erkannt hätte. Sogleich befahl der König, eine Karawane auszusenden, um den Weisen an seinen Hof zu bitten. Als die Karawane den Weisen nach vielen Tagen der Reise erreichte und der Gesandte des Königs ihm die Bitte seines Herrn vortrug, bedauerte der Weise sehr, nicht mitreisen zu können. Er sagte dem Gesandten aber, daß er ein Geschenk für den König habe, das die Antwort auf seine Fragen nach dem Sinn des Lebens geben könne. Der Weise bückte sich und hob ein winziges Samenkorn auf, wickelte es in ein Tuch und übergab es dem verwunderten Gesandten. Die Karawane machte sich auf den Heimweg, und zu Hause angekommen, überbrachte der Gesandte sofort die Antwort und das Geschenk des Weisen. Der König besah erstaunt das Geschenk: ein Samenkorn. Sogleich rief er alle Ratgeber und Philosophen des Hofes herbei und gab ihnen die Aufgabe, das Rätsel zu lösen. So verbrachte der Hof Wochen in hitzigen Gesprächen über das Geschenk. Schließlich gaben sie es dem schon verärgerten König zurück; sie hatten keinerlei Antwort gefunden. Trotzdem steckte der König das kleine Samenkorn in eine kleine goldene Schachtel und tat sie zu seinen Staatsschätzen, in der Hoffnung, eines Tages würde sich das Geheimnis von selbst offenbaren.

So vergingen Jahre, und der König hatte das Geschenk schon lange vergessen, da hörte er wieder von diesem Weisen. Wieder schickte er eine Karawane aus, reich beladen mit Geschenken, und wieder trug der Gesandte dem Weisen die Bitte des Königs vor. Doch dieser lehnte erneut ab, den König aufzusuchen, bückte sich wieder und hielt ein Samenkorn in der Hand, das er dem Gesandten als Geschenk und Antwort auf alle Fragen des Königs überreichte. Die Karawane kehrte zurück, und alle Philosophen hatten sich schon zu ihrer Ankunft versammelt — in Erwartung des Weisen. Doch wieder konnte der Gesandte nur das Samenkorn vorweisen und die Mitteilung, daß es die Antworten auf alle Fragen enthalte. Der König hielt es in der Hand und ließ auch die goldene Schachtel holen und betrachtete das andere Korn, das sich aber nicht verändert hatte. Erbost über die Dreistigkeit des angeblichen Weisen warf er die Samenkörner zu Boden und wollte wieder in den Palast gehen, als ein Mönch rief: „Haltet ein! Ich kenne die Antwort!“ Und der Mönch sprach zum König: „Der Same ist die Antwort, denn er enthält die Antwort in sich selbst. Alles ist in ihm jetzt schon vorhanden. Du darfst ihn nur nicht in dem goldenen Kästchen aufbewahren. Er gehört in die Natur. Er braucht die Sonne, die Erde und den Regen, damit die Kraft des Lebens sich entfalten kann.“

Und so ist es mit jedem von uns. Wir stecken im goldenen Gefängnis unseres Verstandes, unserer Vorstellungen und Philosophien, unserer zurückgehaltenen Gefühle. Dabei bräuchten wir nichts zu tun, nirgends hinzugehen; es gibt nichts, das es an unserer Vollkommenheit zu verbessern gäbe. Wir müssen uns nur aus dem goldenen Kästchen befreien und uns der Natur, unserer Natur, hingeben. Dann ist alles bereit, zu *uns* zu kommen. Aber die Schale muß zerbrochen werden. Dann sehen wir, wer wir eigentlich sind. Alles, was wir wirklich brauchen, ist schon in uns vorhanden. Keine Vorbereitung ist nötig.

Bei allen Trancereisen und dem Rebirthin geht es nicht darum, an deiner Vollkommenheit herumzutherapieren. Das bringt nur neuen Schmerz, nur neue goldene Gefängnisse. Es geht darum, in unsere Vollkommenheit hineinzuwachsen! Sich nach innen zu entspannen und anzunehmen, was auch immer da ist.

Vom Schmerz

Euer Schmerz ist das Zerbrechen der Schale, die euer Verstehen umschließt. Wie der Kern der Frucht zerbrechen muß, damit sein Herz die Sonne erblicken kann, so müßt auch ihr den Schmerz erleben.

Und könntet ihr in eurem Herzen das Staunen über die täglichen Dinge des Lebens bewahren, würde euch der Schmerz weniger wundersam erscheinen als die Freude.

Und ihr würdet die Jahreszeiten eures Herzens hinnehmen, wie ihr stets die Jahreszeiten hingenommen habt, die über eure Felder streifen.

Khalil Gibran

Indras erstes Rebirthing

Um Weihnachten 1984 habe ich an einer dreiwöchigen Selbsterfahrungsgruppe in Sri Lanka teilgenommen, mutig und offen für jede neue Erfahrung. Und so war es möglich, daß ich mich damals im Anschluß an eine wundervolle Phantasiereise auf mein erstes Rebirthing (Partner-Rebirthing) einlassen konnte — ein unvergeßliches Erlebnis.

Ich liege mit geschlossenen Augen auf dem Rücken. Ich bin ganz entspannt, und fange an, ruhig und tief einzuatmen und auszuatmen. Ohne Anstrengung. So finde ich nach und nach den Atemrhythmus.

Nach einer Weile spüre ich dieses Brausen im ganzen Körper — ein ganz neues prickelndes Gefühl — und registriere Zuckungen hier und da und stellenweise Verkrampfungen, und indem ich mich immer weiter auf die Atmung einlasse, tauchen Bilder auf. Dabei beginnt sich etwas wie ein Ring im unteren Bereich um den Brustkorb zu legen.

Durch meinen Partner, dessen Aufgabe es ist, mir von außen durch Atemkontrolle und „gutes Zureden" Hilfe zu leisten, kann ich dieses einengende Gefühl akzeptieren und dadurch meinen Atemfluß weiter intensivieren — tief einatmen, sanft ausatmen, ohne Eile, ohne Unterbrechung.

Gedanken kommen und gehen, immer neue Bilder. Und dann wird der Inhalt eines Bildes klar und deutlich. Immer wieder fängt mein Körper an zu flattern; und ich sehe mich als kleines Mädchen, und meine Lieblingstante ist bei mir. Ich habe das Bedürfnis, die Arme auszubreiten; ich weine und wimmere und bin traurig, daß meine Mutter mich nicht annimmt. Die Atmung verringert sich. Ich vertraue meinem Helfer — und indem sich die Arme wie von selbst ausbreiten, verschwindet allmählich der Ring um den Brustkorb. So ist es gut.

Statt dessen empfinde ich diesen Ring nun um den gesamten Beckenbereich. Ich atme ganz chaotisch, immer wieder habe ich Atemnot. Dieser entsetzliche Druck. Er verlangt, herausgeschrien zu werden, loszulassen. Wie oft habe ich mir das schon gewünscht? Und dann schreie ich.

Der ganze Körper ein einziger gewaltiger Schrei! Ich kann doch kein Junge sein! — Der Ring um das Becken wird immer enger. Gleichzeitig entwickelt sich ein starkes Gefühl zwischen meinen Beinen, so als wenn es in mich eindringen wollte. Alles wird immer enger und mächtiger, fordernder. Mein Weinen steigert sich erneut zu einem durchdringenden Schreien. Mein Becken hebt sich, der Ring löst sich, und mit dem Atem kann ich dieses drängende Gefühl ganz langsam in mich aufnehmen.

Jetzt bin ich nur noch Atem — mühelos — ein und aus, wie eine Welle. So frei! So unaufhaltsam! So wohltuend! Es ist phantastisch! Ich genieße dieses „Wellenreiten".

Meine Arme und Hände liegen weit ausgebreitet und geöffnet. Unendliche Vibrationen gehen von meiner rechten Hand, deren Handfläche fest mit dem Boden verbunden scheint, über in die linke Hand, die Handfläche nach oben offen. Es ist, als nehme ich immer mehr Energie aus der Erde, aus der Luft, von der Sonne, von allem, was mich umgibt, in mich auf. Und ich kann soviel davon haben, wie ich brauche. Es ist alles da, es gibt keinen Mangel. Und es ist wirklich alles für mich!

Ich bin ganz in mir. So sanft, hingegeben an die Welt, verschmolzen mit den Elementen.

Später dann (wieviel später?) bewegt sich meine linke Hand ganz, ganz langsam zu meinem Bauch. Ich berühre mich, ohne mich zu berühren. Und ich atme, atme, atme. Ich fließe. Ich bin.

Ich fühle mich warm und geborgen. Wirklich wie neugeboren. Voll von neuer, bis dahin unbekannter Energie und so lebendig.

Ich bin einfach glücklich und dankbar für diese Erfahrung.

In der folgenden Nacht habe ich nicht wirklich geschlafen. Alle meine Sinne waren geschärft und vollkommen aufmerksam, und das sollte noch lange so bleiben.

II. Teil

Trancereisen

Dieser Teil des Buches soll dich auf die Rebirthing-Erfahrungen vorbereiten. Jenseits der Grenzen unseres normalen Bewußtseins ist zunächst jedoch nicht nur Licht. Ganz bestimmt wirst du und sollst du deinem Schatten begegnen. Du wirst erfahren, daß du dich in tieferen Schichten deines Seins erst verankern kannst, wenn du bereit bist, alles in dir zu akzeptieren. Sonst wirst du nach gelegentlichen „Hochs“ immer wieder zurückfallen in das goldene Kästchen.

Dieser Teil zeichnet so etwas wie eine Landkarte, die du benutzen kannst, um das Terrain in dir zu erforschen. Er schafft einen Kontext, innerhalb dessen du deine späteren Erfahrungen sinnvoll anwenden kannst. Du hast die Möglichkeit, diese Landkarte nur zu lesen, aber dieses Buch bietet dir auch die Gelegenheit der wirklichen Erfahrung. Es ist etwas anderes, von fernen Ländern mit dem Finger auf der Landkarte zu träumen, als sie wirklich zu bereisen. — Dafür sind die Übungen und Trancereisen da. Sie führen dich sicher in die unerforschten Dimensionen deines Seins. Du wirst erkennen, daß es tatsächlich nur einen einzigen Menschen gibt, der dich glücklich oder unglücklich machen kann; und sicherlich lohnt es sich, diesen Menschen wirklich ganz kennenzulernen: *dich*.

Eine Möglichkeit, mit der du arbeiten wirst, sind Trancereisen. Das sind Instrumente, die sanft das Alltagsbewußtsein erweitern und veränderte Bewußtseinszustände schaffen, die geistige Fähigkeit zu einer „anderen“ Sicht der Wirklichkeit. Es geht dabei nicht darum, das rationale Bewußtsein aufzugeben, auch nicht einfach in magische Geisteshaltungen hineinzusinken — wie angenehm diese auch immer sein mögen. Es soll vielmehr die Fähigkeit der „überhellen, klaren“ Trance geweckt werden, ein Tor zu transzendenten Erfahrungen deines schöpferischen Selbst. Es ist ein Aufbruch zu immer neuen Ufern.

Die folgende Phantasiereise dient dem erfahrenden Verstehen. Du kannst dir diese Reise langsam auf ein Tonband sprechen, zusammen mit einer Musik deiner Wahl oder nach meinen Vorschlägen. Die ganze Reise wird etwa 45 Minuten dauern. Alle Reisen beginnen mit einer Selbsthypnose-Einleitung. Sie ist so konzipiert, daß auch ein Anfänger keine Schwierigkeiten haben wird, eine wache Trance zu erfahren. Es ist wichtig zu verstehen, daß dir diese Art der bewußten Selbsthypnose nicht deinen freien Willen raubt. Du bist jederzeit in der Lage, aus dem Zustand der Trance wieder zurückzukommen — wann immer du willst. Du könntest höchstens dabei einschlafen und würdest von allein nach kurzer Zeit wieder aufwachen.

Lies den Text sanft und einfühlsam oder laß ihn dir vorlesen. Wichtig ist, daß du in dieser Zeit nicht von außen gestört wirst (benutze eventuell einen Kopfhörer). Die Reisen haben immer zwei Teile. Die einleitende Selbsthypnose / Entspannung („Das Tor öffnen“) und dann die Trancereisen. Für die erste Reise sind beide Teile angegeben; bei den folgenden Reisen ist dann nur noch der Text des zweiten Teils abgedruckt, den du einfach an den ersten anfügst. Ich bin sicher, dir wird die Produktion dieser Phantasiereisen viel Spaß bringen, und du wirst sie gerne auch an andere weitergeben.

Wenn du schon weißt, daß du Schwierigkeiten hast zu entspannen, übe einfach mit dem ersten Entspannungsteil so lange, bis du zufrieden bist, und höre dir erst dann die Trancereisen an. Übe immer dann, wenn du nicht müde bist.

Hypnotische Sprachmuster

Die Sprache in den Trancereisen mag dem Leser oft ungewöhnlich erscheinen. Dies ist beabsichtigt, denn diese Sprachmuster dienen dazu, eine wirksame Tranceinduktion zu erreichen. Es ist die Kunst der „hypnotischen Sprache", die von Milton Erickson entwickelt wurde und nach ihm als das „Milton-Modell" bezeichnet wird. Diese Reisen entfalten ihre magische Kraft nicht beim bloßen Lesen, sondern erst wenn man sie den Anweisungen entsprechend verwendet.

Das Tor öffnen

*Musik: Environment 1**

Du liegt jetzt nur so da, auf deiner Unterlage. Du hörst meine Stimme deutlich. Deine Beine sind ausgestreckt, liegen nebeneinander. Die Arme liegen neben dem Körper. Noch einmal vergewisserst du dich, ob du so, wie du jetzt liegst, wirklich ganz bequem liegen bleiben kannst oder ob du doch noch etwas an der Lage verändern möchtest . . .

Richte deine Aufmerksamkeit in den Körper und spüre ihn ganz. Beginne ganz unten bei den Füßen und führe deine Aufmerksamkeit recht schnell höher bis zu deinem Kopf. Und während du das tust, kannst du wahrnehmen, wie dein Körper sich heute anfühlt. Wahrnehmen — ohne irgend etwas zu verändern oder zu wollen . . .

Und dann: Spann deinen ganzen Körper völlig an. Zieh deine Zehen Richtung Nase, so daß sich die Beine ein wenig vom Boden abheben. Spanne den Bauch an und den Hintern, atme dann tief ein und halte die Atmung fest . . .

Und jetzt laß dein Gesicht zu einer festen, harten Grimasse werden. Preß die Zähne aufeinander und auch die Lippen. Kneif die Augen fest zusammen, die Stirn legt sich in Falten und sogar die Kopfhaut . . .

Der ganze Körper, alle Muskeln fest und hart, und ohne daß es schmerzhaft wird, hältst du die Spannung, hältst sie, fühlst ganz deutlich, wie angespannt der ganze Körper sein kann . . .

---

* Siehe Musikverzeichnis im Anhang.

Und dann laß völlig los. Die Füße, die Beine, den Unterkörper, den Oberkörper, den Kopf, das Gesicht und die Arme. Und atme alle Spannung hinaus . . .

Jedes Mal, das du ausatmest, hast du das Gefühl, wie Spannung deinen Körper verläßt, wie er leer und weich innen wird. Und du kannst dich fragen, wie tief du heute loslassen wirst. Doch du brauchst gar nicht zu wissen, wie tief du heute loslassen kannst, denn du weißt, wie angenehm es für dich ist, langsam und sicher in diese Weichheit hineinzusinken und . . .

wirklich jetzt jeden Moment zu genießen und eine Menge Vergnügen zu haben ganz für dich, dort innen, bei dir . . .

Und eins davon ist das Wissen, daß du diesen Zustand eigentlich schon lange kennst und weißt, daß du zurückgehen kannst, dein Körper sich erinnert an eine Zeit, wo er völlig entspannt und losgelassen war, und wie sicher es ist, in dieses Gefühl hineinzusinken . . .

Und während das geschieht, geht deine Aufmerksamkeit hinunter in den rechten Fuß. Du spürst sein Gewicht dort, wo er auf dem Boden aufliegt, und auch die Berührung deines Unterschenkels mit der Unterlage spüren . . .

Deine Oberschenkel und die rechte Hüfte spüren. Und jedes Mal, das du ausatmest, erlaubst du dem rechten Bein mehr loszulassen. Das Gewicht der Unterlage anvertrauen. Jedes Mal, das du ausatmest, mehr loslassen, lockerlassen. Und das rechte Bein kann sogar noch mehr loslassen. Die Muskeln werden weicher — von alleine —, während deine Aufmerksamkeit hineingeht in deinen linken Fuß . . .

Du spürst sein Gewicht dort, wo er auf dem Boden aufliegt. Und auch die Berührung deines Unterschenkels mit der Unterlage spüren. Deinen Oberschenkel und die linke Hüfte spüren. Und jedes Mal, das du ausatmest, erlaubst du dem linken Bein, mehr loszulassen . . .

Das Gewicht der Unterlage anvertrauen. Jedes Mal, das du ausatmest, mehr loslassen, lockerlassen. Die Muskeln weicher werden lassen — von alleine . . .

Und während deine Beine weiter loslassen, ohne daß du dich darum kümmern müßtest, spürst du die Atmung unten im Becken, in ihrem tiefsten Punkt. Und du fühlst das Kommen und Gehen der Atmung dort in deinem Becken. Ein- und ausatmen. Ohne etwas zu verändern. Fühlen, wie der Atem kommt und geht und mit dem Ausatmen Spannung dich verläßt . . .

Fühlen, wie der Hintern sich entspannt, deine Genitalien sich entspannen, bei jeder Ausatmung. Wie eine Welle hebt und senkt sich auch der Bauch. Heben und senken . . .

Und auch dort loslassen, fühlen, wie der Bauch innen weicher wird und entspannt. Vielleicht jetzt, oder etwas später, das Gefühl der Wärme . . .

Oder ein Fließen im Bauch, das allmählich stärker werden kann, sich ausbreiten kann . . .

Jedes Mal, das du ausatmest, die angenehmen Gefühle des Loslassens und damit die Einsicht, daß es völlig sicher ist, tiefer zu gehen. Und so spürst du auch die Atmung in deiner Brust. Heben und Senken, wie eine Welle. Ein und aus, leicht und behaglich. Fühlen, wie die Muskeln die Rippen dehnen, mit der Einatmung, und loslassen mit der Ausatmung. Dich fließend fühlen, wie Meereswellen nacheinander fließen . . .

Endlos — und es besteht überhaupt keine Eile. Vielmehr kannst du mit jedem Atemzug das zunehmende Gefühl innerer Ruhe und Gelöstheit zu genießen beginnen. Mit den Wellen der Atmung einfach dahintreiben, ohne Ziel, ohne Wollen, in der Mitte von nirgends dahintreiben, loslassen, genießen . . .

Während ich mich frage, wie schnell du bemerken kannst, wie tief du bereits entspannt bist, aber du brauchst es gar nicht zu wissen, bevor du tief losgelassen hast. Und du kannst anfangen, in deine rechte Hand hineinzuspüren. In jeden einzelnen Finger . . . die Handfläche . . . Wieder mit der Ausatmung loslassen . . . auch den Unterarm . . . und den Oberarm . . . Das Gewicht ganz dem Boden anvertrauen . . .

Und während alle Muskeln weicher werden, deine Aufmerksamkeit hinein in die linke Hand, die Finger . . . Die Handfläche loslassen mit der Ausatmung, auch den Unterarm . . . den Oberarm . . . die Schulter. Beide Arme lassen los, werden weicher, und weil das geschieht, können auch alle Muskeln in deinem Rücken loslassen, das Kreuz entspannt sich, jeder einzelne Wirbel kann sich mehr und mehr entspannen, während du tiefer gehst . . .

Vielleicht das Gefühl, daß du mehr und mehr das Gewicht dem Boden anvertraust, deine Schultern zurücksinken zum Boden, dein Nacken losgelassen und das Gewicht deines Kopfes auf der Unterlage. Dein Gesicht losgelassen und entspannt, alle Muskeln des Unterkiefers, der Augen. Kannst du dir vorstellen, wie deine Stirn glatter und glatter wird? Und kannst du gewahr werden, wie dicht dein Atem hinten an deine Augen kommt? Wenn du einatmest . . .

Ich frage mich, wie bald du bemerken wirst, daß du ganz aufmerksam meiner Stimme zuhörst und jetzt tiefer gehst, nur so schnell, wie es angenehm ist für dich. Du kannst dich aber auch erinnern, wach zu bleiben. Wach und aufmerksam bei meiner Stimme zu bleiben:

Dein Körper ganz entspannt,
du selbst leichter mit der Einatmung
immer tiefer sinkend,
die Energie finden,
in die Ruhe eintauchen,
und die Kraft
und die Weichheit
leicht und hell hinter deiner Stirn . . .

Dich erinnernd, diesen Zustand völlig zu genießen. Das Vergnügen zu empfinden, sogar noch tiefer loszulassen . . .

Und noch einmal deine ganze Aufmerksamkeit hinein in deine linke Hand. Dann ballst du deine linke Hand zur Faust, und während ich von 1 nach 10 zähle, löst du deine Hand mit jeder Zahl etwas mehr. Dann, wenn ich 10 erreicht habe, wird sie völlig entspannt sein . . .

Und mit der Hand kann auch dein Körper lernen, mit jeder Zahl noch mehr zu entspannen, kannst du lernen, tiefer loszulassen, von 1 . . . deine Hand etwas entspannter . . . nach 2 . . . und etwas mehr loslassen, nach 3 und 4 . . . zur Hälfte angelangt bei 5 . . . lockerlassen . . . nach 6 . . . und 7 . . . bald völlig entspannt . . . über 8 . . . nach 9 . . . und ganz loslassen, die linke Hand völlig entspannt, und 10 . . . und dieses Gefühl kann sich ausbreiten in deinem Körper . . .

Und während du wieder in ihn hineinspürst du, wie auch andere Teile deines Körpers schon tief entspannt sind. Vielleicht ein Gefühl der Schwere oder Leichtigkeit in dir — oder ein Kribbeln und Fließen, Ströme der Entspannung und Ruhe, die durch deinen Körper fließen wie die Wellen der Atmung . . .

Und du kannst dich zuversichtlich fühlen, fasziniert von der Ruhe und Gelassenheit in dir. Merkst du, wie gut dir das tut? So ist es richtig, entspannt genießt du diese innere Zuversicht. Das Vertrauen und die Neugier, wie tief du noch sinken kannst, in völliger Aufmerksamkeit . . .

Du beginnst diese Energie zu spüren, die freigesetzt wurde aus alten Spannungen. Und je mehr du diese Kraft spürst, die größer und größer wird, desto deutlicher kannst du bemerken, wie gut es dir sogar schon jetzt geht. Wieviel du schon jetzt zurückgewonnen hast. Und wieder werde ich dir helfen, sogar noch tiefer zu sinken, und zähle von 10 nach 20 . . .

Dann, wenn ich 20 erreicht habe, hast du heute deinen tiefsten Zustand erreicht. Vielleicht magst du dir vorstellen, auf der obersten Stufe einer Treppe zu stehen, die dir gefällt, so wie sie dir einfällt. Wenn aber bei dir etwas anderes geschieht, braucht dich das nicht zu verwirren. Du entnimmst einfach dem, was ich sage, das, was du brauchst, um weiter zu kommen, um dich noch mehr zu entspannen . . .

Du stehst am Anfang der Treppe,
kannst dich sicher fühlen, 11 . . .

eine Stufe tiefer nach 12 . . .,
alles an dir loslassen,
und nach 13 . . .,
alles um dich herum wird anders, entfernt sich,
nach 14 . . .,
alles gehört zu deiner Ruhe und Entspannung,
nach 15 . . .,
sogar deine Wachheit wird mit jeder Einatmung noch größer,
vertieft alles noch mehr,
die Treppe weiter hinab nach 16 . . .,
wach und aufmerksam innen,
alte Spannungen losgelassen, nach 17 . . .,
sehr erfrischt,
der Körper wie im Schlaf — schwerelos,
leicht und mühelos die Einatmung,
in die Ruhe eintauchen, nach 18 . . .,
Klarheit in deinem geistigen Auge, 19 . . .,
zwei Stufen vom Ende getrennt, wo alles eigentlich erst beginnt, es genießen, auf dem Weg zu sein,
auf dem Weg zu dir, nach innen, in deine Tiefe,
vielleicht dich wundern, was am Ende der Treppe kommt, 20 . . .
tief entspannt, wunderbar entspannt, die Schwere . . .

oder die Schwerelosigkeit . . . die Ruhe . . . das Strömen . . . der Friede . . . das Pulsieren . . . die Zuversicht . . . die Entspannung . . . die Freude über dich selbst . . . noch tiefer . . . mit jedem Atemzug die Kraft und Frische schöpfen, die du brauchst, um von da aus, wo du dich jetzt gefunden hast, ganz zu dir zu kommen, an deinen Ort der Sicherheit und Geborgenheit. Ein Ort in deiner Phantasie oder ein Ort, den du kennst. Vielleicht ein Platz in der Natur oder in einem Haus, vielleicht aber auch das Gefühl der Sicherheit und Geborgenheit irgendwo in deinem Körper . . .

Und der Ort kann deutlicher und klarer werden, er liegt genau in der Mitte . . . dort . . . in der Mitte von links . . . rechts . . . oben . . .

unten . . . gestern . . . niemals . . . morgen . . . blau . . . allem . . . immer . . . der Mitte von nirgends . . . dein ganz eigener Ort, den niemand außer dir je kennen wird . . . und egal, wo er sich befindet . . . du hörst mich weiter klar und deutlich innen.

Und an diesem Ort gibt es keine Zeit, es gibt kein Hier, es gibt kein Jetzt, oder wo Jetzt ist, oder wo Jetzt war, und ob dort hier ist oder jetzt, dann oder hier. Dann wirst du tatsächlich bemerken: Alles an dir wird heller, leichter werden deine Gedanken und unwichtig, ihnen zu folgen. Fasziniert von diesem Zustand . . . der Klarheit . . .

Die erste Reise: Unendlichkeit

Musik: Shakuhaji Tales (Silhouette)

(Fasziniert von diesem Zustand . . . der Klarheit . . .) findest du dich wieder in diesem anderen Gefühl. Völlig ruhig und auch wach. Entspannt und doch klar. Dein Körper irgendwo tief ausruhend, du selbst noch klarer, wacher, wenn du einatmest. Und all das kann sich noch vertiefen; während du meinen Worten weiter folgst, folgen sie dir in einen Traum hinein von einem Platz am Meer. Ein Platz, den du kennst, oder einer der dir so gefällt, wie er dir einfällt. Die Brandung des Wassers und die feuchte, salzige Luft, warmer weicher Sand unter dir. Dein Körper gewärmt von den roten Strahlen der untergehenden Sonne. Es dämmert um dich herum, wie die Sonne tiefer und tiefer sinkt. Rote Sonnenstrahlen, die den Himmel leuchten lassen. Farben, die sich im Wasser spiegeln . . .

Und alles scheint ruhiger zu werden. Du bist allein dort und läßt dich tiefer in die Geborgenheit des warmen Sandes sinken und siehst die endlose Weite des Himmels über dir. Und je tiefer du losläßt, desto mehr spürst du, wie du auch leichter wirst. Immer wenn du ausatmest, wirst du leichter, offener . . .

Als ob alle Schwere mit der Ausatmung in den Sand hineinfließt. Dein Körper, dein ganzes Wesen leichter, spürst du, wie dein Körper poröser wird, wie sich die Poren deiner Haut zu öffnen scheinen, wie dein ganzer Körper sensibler wird . . .

Spüren, wie der leichte warme Wind fast durch deinen Körper streicht, alles Schwere mit sich nimmt dich erleichtert stellst du fest, wie angenehm es ist, die Luft durch dich hindurchströmen zu lassen, und auch das Geräusch der sanften Wellen berührt deinen Körper, und du fließt mit den Wellen . . . geborgen . . . offen . . . wach und auch träumend wird deine Bewußtheit weiter . . .

Du spürst deinen Körper in dieser Bewußtheit so, als ob sie ihn durchdringt und auch hält und umgibt. Und diese Bewußtheit dringt über deinen Körper hinaus in den Boden, in den Sand hinein und auch nach oben . . . nach allen Seiten . . .

Nicht mehr genau wissen, wo der Boden aufhört und der Rücken anfängt und wo dein Körper aufhört und der Raum beginnt. Dein Körper ist in dieser Blase deiner Wahrnehmung, die alles durchdringt und sich jetzt ständig weiter ausdehnt. Mit jeder Atmung pulsiert diese Blase deiner Wahrnehmung und dehnt sich auch aus nach allen Seiten . . . und sie wird immer größer und umschließt den Platz, an dem du liegst . . ., wird größer in den Boden hinein und in die Luft hinaus. Dein Körper ist in dieser Blase, sogar alle deine Gedanken, Gefühle umschließt sie, und die Blase wächst . . .

Ganze Landschaften . . . Meere und Kontinente . . . die Erde . . . ins All hinein . . . den Mond . . . andere Planeten . . . die Sonne . . . tiefer in das All hinein . . . in alle Dimensionen . . . andere Sonnen . . . andere Sterne . . . Kometen, die den Raum durcheilen . . . Nebel . . . ganze Galaxien . . . tief in den Raum . . . tief in die Zeit hinein . . . tiefer, weiter . . . schneller wachsen . . . dich ausdehnen . . . ausdehnen . . . du ahnst, daß du bald platzen wirst, wie du noch weiter wächst . . . dich ausdehnst . . . ekstatische Ausdehnung . . . Energie, die dich durchströmt . . . Raum . . . Zeit . . . ausdehnen . . . weiter ausdehnen . . .

(Hier lauter Gongschlag! — Dann 1 Minute absolute Stille, dann sehr leise weitersprechen:)

Das bist du . . .
Diese Freiheit bist du . . .
Frei in Zeit und Raum . . .
Du bist dein physischer Körper und doch auch mehr . . .

Du bist deine Gedanken und doch auch größer . . .
Du bist das Ursprüngliche . . .
Jenseits des Lächelns und der Tränen
bist du
schimmernde Leere und auch liebende Schöpfung,
Drama und Komödie.

(Ausklang mit japanischer Flötenmusik)

Überlebensstrategien

Diese Phantasiereise hat dir vielleicht eine Ahnung gegeben von den Dimensionen, in denen wir uns aufhalten könnten, in denen das Leben leicht ist, voller Bewegung, Liebe und vor allem: natürlich. Da ist nichts, das es hinzuzufügen gäbe oder wegzutherapieren — alles ist, wie es ist, richtig, ein kosmisches Spiel.

Warum fühlen wir uns dann so oft als Opfer? Warum passiert es immer wieder mir? Warum bekomme ich nicht genug?

Und schon sind wir auf der Ebene unseres Verstandes, der immer am meisten fürchtet, der zu sein, der er ist.

Es hat eine Zeit gegeben, in der wir uns um diese Dinge nicht sorgten: im Mutterleib. Wir waren versorgt, genährt, geschützt. Wer beim Rebirthing sich an diese Phase erinnert, erlebt sich als klein und fühlt die pulsierende Nabelschnur, erfährt Zeit- und Raumlosigkeit in schwimmender Ekstase, in der alles so ist, wie es sein sollte. Diese Zeit wird mit dem Einsetzen der Geburt beendet.

Wie immer die Phase der eigentlichen Geburt ausgesehen hat, ob du in der kalten Hektik eines Kreißsaales zur Welt kamst oder nach der Leboyer-Methode — die Erfahrung des Getrenntseins von der Mutter, die Erfahrung, jetzt allein und hilflos zu sein, muß jeder machen, auch wenn die Geburt noch so sanft und einfühlsam war. Vielleicht ist es aber auch diese Erfahrung: „Ich bin klein und hilflos und brauche jemanden, der mir beim Überleben hilft", die den Verstand als erste starke Prägung erreicht. Wer kennt nicht genau dieses Gefühl, das uns überfallen kann, ungeachtet jeglicher materiellen und emotionalen „Sicherheit"?

Aus diesem Gefühl des Ausgeliefertseins beginnt der Verstand sein

Überlebensspiel, das uns ermöglicht zu überleben. Gewisse Funktionen sind dabei automatisch, wie die Suche nach Luft und Nahrung, und werden komplexer bei der Suche nach Berührung und Wärme. Verhalten wird ausprobiert. Vielleicht kam Mutter immer dann, wenn du fürchterlich geschrieen hast oder penetrant geschwiegen? Vielleicht hast du herausgefunden, daß Schreien sehr schnell dafür sorgt, das zu bekommen, was du haben willst: dein Fläschchen. Und warum es nicht auch ausprobieren, wenn du dich alleine fühlst? Dein Verstand macht die Erfahrung, daß es sich lohnt zu schreien, und speichert dieses Verhalten als nützlich für dein Überleben. Magst du diese Kette weiterverfolgen? Sicherlich, sie wird im Laufe der Jahre komplexer, aber ganz sicher ist noch das Grundmuster vorhanden. Du magst jetzt extrovertiert sein und in der Lage, nach dem zu fragen, was du brauchst. Wahrscheinlich tritt die erste Prägung nur unter starkem Streß auf, dann kannst du sehr gut laut werden. Mit diesem Verhalten hast du gelernt zu leben, es läßt dich dich sicher fühlen!

Betrachten wir die andere Überlebensstrategie: Schweigen. Wenn ich ganz still bin, kommt die Mutter, eben weil ich „zu" still bin, und dann bekomme ich, was ich haben will. Später wirst du vielleicht introvertiert und hast die Tendenz, anzunehmen, daß die anderen schon wüßten, was du gerade brauchst. Wenn sie mein „Schweigen" gut genug verstehen würden, wüßten sie, daß ich jetzt in den Arm genommen werden möchte . . . usw.

Gewiß, das ist alles etwas zugespitzt, zeigt aber, daß der Verstand aus ganz bestimmten Motiven heraus ein ganz bestimmtes Verhalten entwickelt. Er zeichnet genau auf, was deine Überlebensbedürfnisse gesichert hat, und strickt daraus die Folgerungen für die Zukunft. Sein Bestreben ist es, jenen Zustand der Bedürfnisbefriedigung wieder herzustellen, den er damals erlebte oder besser: aufzeichnete, denn erlebt hast *du* ihn. Und weil du ja augenscheinlich überlebt hast, hat er recht mit dem, was er für dich tut. Leider ist er nicht in der Lage, zu hinterfragen, ob sein Verhalten, das *einmal* richtig und völlig angebracht war, sozusagen seine brillanteste Leistung, auch heute noch Gültigkeit hat. Nein, mit dem was er tut, hat er recht, andere haben unrecht. Die einmal programmierte Software ist nicht in der Lage, sich selbst zu transzendieren. So sucht sie für dich mit ziemlicher Sicherheit zum Beispiel die Frau, die eigentlich deine Mutter sein sollte, und erwartet, daß sie sich nach den Mustern verhält wie DAMALS deine wirkliche Mutter. Ahnst du, daß du von „Müttern", „Vätern" und sonstigen ersten Bezugspersonen umgeben bist, die dein Verstand erschaffen hat? Sicherlicht möchtest du auch wissen, wer wirklich das Leben JETZT mit dir teilt, also folge mir weiter, auch wenn dein Verstand schon anfängt zu zappeln und zu rotieren und bald wichtige Gründe finden wird, hier abzubrechen. Merkst du vielleicht schon, wie müde du auf einmal wirst? Und warum solltest du dich auch um so etwas kümmern? Denn meistens funktioniert es ja, oder?

Das goldene Kästchen ist nicht so golden, wie es den Anschein hat. Es ist ein emotionales Gefängnis und ein Verrat an dem Menschen, der du eigentlich bist, und der ist mit Sicherheit größer und weiter, als du es dir jetzt vorstellen kannst / willst. Indem du die Sicherheit des Bekannten wähltest, hast du dich selbst sozusagen verraten und fühlst dich jetzt vielleicht als Opfer all dessen, was mit dir geschieht. Du hast dich verkauft an ein sicheres Bild, das dein Verstand dir erschaffen hat. Und wenn du das jetzt wieder zum Anlaß nimmst, dich schlecht, minderwertig und unerleuchtet zu fühlen, möchte ich dich erinnern, daß das, was du jetzt bist, das optimale Ergebnis darstellt. Ob du es magst oder nicht, spielt keine Rolle. Du bist, wie du bist, weil das für dich sicherer ist, weil dein Programm bekannt und einmal sehr erfolgreich gewesen ist.

Dich deswegen „schlecht" zu fühlen ist das Ergebnis der Angst, wirklich anzunehmen, was du noch bist: schwach, hilflos, machthungrig, sexy, verletzend . . .

Angst ist die Erfahrung der Unsicherheit. Wenn dein Programm an seine Grenzen stößt und wenn du dich nicht immer wieder wiederholen willst, sondern wachsen, mußt du Wurzeln schlagen in deinem Kern. Und diese Wurzeln müssen durch all die Wände dringen, hinter denen all deine Möglichkeiten sich verstecken. Glücklicherweise geben nur unsere Gedanken diesen Wänden ihre Kraft.

Der Weg aus all dem beginnt mit einem einzigen Wunsch: Es muß noch mehr geben, und: Ich will riskieren, es mir anzusehen. Diesen verborgenen Wunsch nicht nur zu denken, sondern auch zu spüren, zu erfahren, dem dient die folgende Phantasiereise:

Du kannst dich auf sie einstimmen, indem du dich vor einen Spiegel setzt oder einem Partner in die Augen schaust. Dann stellst du dir die Frage: „Was will ich eigentlich?“

Laß einfach alles aufsteigen, was dir einfällt — ohne es zu bewerten, und denke immer nur diese Frage. Du solltest dir auch vor dem Spiegel die Antworten laut geben. Laß dir fünf Minuten Zeit und auch deinem Partner.

Die zweite Reise — Der magische Regenbogen

Musik: Shakuhaji Tales (Silhouette)

Und an deinem Ort der Sicherheit und Geborgenheit gibt es einen Ausgang, der in eine freie Landschaft hoch in den Bergen führt. Wie du durch den Ausgang gehst, stehst du in einem Tal, hoch in den Bergen. Frische in der Luft vom letzten Regen, und die Sonne spiegelt sich und blitzt in den Regentropfen . . .

Alles ist frisch und klar, und du siehst, wie sich im Tal ein Regenbogen bildet, der hoch in die Wolken führt. Schimmernde Farben des Regenbogens, die immer stärker werden. Ein Bogen aus Farben, Licht und Energie, dort in der Mitte des Tales. Und irgendwie fühlst du dich von der Klarheit und Energie des Regenbogens angezogen und gehst langsam auf ihn zu . . .

Und wie du näher kommst, spürst du vielleicht schon, wie sich alles um dich herum zu verändern scheint. Die Luft noch klarer, noch frischer, und du kommt dem Regenbogen so nahe, daß er nur noch wenige Schritte von dir entfernt ist. Du siehst an ihm empor und bemerkst, daß er hoch in den Himmel reicht und sich in der Unendlichkeit zu verlieren scheint . . .

Weiter gehst du auf ihn zu, wie angezogen von den klaren Farben, von der Energie. Und schließlich trittst du in ihn ein, spürst und siehst, wie dich seine Farben umspielen, wie eine besondere Energie dich umgibt. Und diese Farben verdichten sich zu einem angenehmen, warmen und hellen Ton. Du beginnst diese Farben einzuatmen . . .

Jede Zelle deines Körpers füllt sich mit diesem Licht und dieser

Energie, die dich umgibt. Vielleicht merkst du, wie dein Körper langsam durchströmt wird von dieser Energie, die dein ganzes Wesen wärmt. Jedesmal, wenn du einatmest, füllt sich der Körper mit dieser angenehmen Farbe, die ihn erfrischt und reinigt . . .

Und du bemerkst, wie uralte Spannungen sich lösen und Energie zu dir zurückkehrt, die dich wach und aufmerksam all dies erleben läßt, und so gehst du weiter hinein in den Regenbogen, und es fühlt sich an, als wenn du leichter und leichter würdest . . .

Die Gedanken werden leichter wird dein Körper, wie du in die nächste Farbe eintauchst, die sich von ganz allein entwickelt. Und auch diese Farbe atmest du ein, und auch sie beginnt dich zu füllen, macht dich noch klarer. Ein Licht, eine Energie, die tiefe Zufriedenheit und Wohlgefühl ausstrahlt, und du atmest soviel davon ein, wie du magst . . . spürst, wie sich dieses Gefühl mehr in dir ausbreitet, vielleicht wie ein feines Kribbeln, dem du erlauben kannst, sich über deinen ganzen Körper auszubreiten, und empfindest immer tiefer die wohligen Schwingungen und Vibrationen, zusammen mit der Musik, in deinem ganzen Körper, in deinem ganzen Wesen. Fühlst dich aufwärtsgezogen, aufwärtsgezogen im Regenbogen, emporgehoben in eine andere Farbe hinein, die jetzt beginnt zu entstehen, deutlicher zu werden . . .

Vielleicht auch mehrere Farben, die sich mischen und ineinanderfließen, und du fühlst diese besondere Energie dieses Ortes tief und doch auch hoch oben in diesem Regenbogen, der dich völlig umgibt, dich völlig schützt . . .

Und aus dieser Farbe bildet sich um dich herum ein Raum aus diesem Licht. Warmes strahlendes Licht und Energie, die dich umgibt, die dich schützt. Und vor deinen Augen bildet sich eine sehr kleine weiße Wolke, und fast kannst du nach ihr greifen, so nah ist sie . . .

Du schaust tiefer in diese Wolke, und sie wird klarer und klarer, wird zu einer Kristallkugel. Du siehst weiter in diese Kristallkugel und erblickst dein Leben einfach so, wie es jetzt ist. So wie du dich fühlst, wie du arbeitest, wie du liebst, dein ganzes alltägliches Leben, dort in dieser Kristallkugel, in die du noch genauer hineinsiehst . . .

Und beginnst zu sehen, daß hinter diesem Bild deines alltäglichen Lebens etwas hindurchzustrahlen beginnt. Ein Wunsch, den du noch nie so deutlich gesehen hast, noch nie so gefühlt hast. Ein Wunsch, der durch dein Leben leuchtet. Vielleicht ein sehr geheimer Wunsch, dem du an diesem sicheren Ort zum ersten Mal erlauben kannst, ganz wirklich zu werden, sich völlig auszudrücken . . .

Und es spielt überhaupt keine Rolle, ob dies alles möglich ist. Du erlaubst deinem Wunsch jetzt, sich in deinem Leben zu erfüllen. Dort in diesem Kristall siehst du, spürst du, wie du dein Leben mit diesem erfüllten Wunsch lebst. Alles gestaltet sich so, wie du dir erlaubst, diesen Wunsch in deinem Leben zu verwirklichen . . .

Und wie du das mehr und mehr akzeptierst, erkennst du auch, daß in deinem Wunsch auch deine Fähigkeiten enthalten sind. Der Wunsch erfüllt sich durch die Fähigkeiten, die du schon hast. Der Wunsch ist der Bote deiner Fähigkeiten, die darauf warten, genutzt zu werden. So wie ein Samenkorn darauf wartet, zu einem mächtigen Baum zu reifen, warten auch deine Wünsche, deine Fähigkeiten, daß du beginnst, ihnen zu erlauben, sich auszudrücken, sich zu entwickeln . . .

Und genauso wie ein Samenkorn Licht, Luft und Erde braucht, mußt auch du deinen Fähigkeiten all das geben, was sie brauchen, um sich zu entwickeln. Und in diesem Kristall erkennst du, daß du ein starker und fähiger Erwachsener bist. Frei und unabhängig . . .

Musik: Sounds of the heart

Und wie du das erkennst, wandelt sich die Kristallkugel wieder zu dieser Wolke aus purem hellem Licht, und irgendwie öffnet sich dein Körper, dein ganzes Wesen diesem Licht, und du nimmst diese Wolke in dir auf, spürst, wie sich Energie und Helligkeit in dir ausbreiten. Du hast deine tiefsten Wünsche und Fähigkeiten entdeckt und damit ein Gefühl von eigener Unabhängigkeit. Frei und selbständig denken, fühlen und handeln aus deiner tiefsten Quelle heraus, aus deinem Zentrum. Und du kannst es genießen, deinen persönlichen Wert entdeckt und anerkannt zu haben . . .

. . . wie du langsam wieder zurückkommst, von 10 nach 9 . . . , tiefer atmen, nach 8 . . ., nach 7 . . ., dich strecken, nach 6 . . . und 5 . . ., Arme und Beine ausstrecken, wie nach einem langen und erholsamen Schlaf, nach 4 . . . und 3 . . . und 2 . . . und 1 . . ., wieder völlig wach . . ., wieder völlig an diesem Ort.

Jede dieser Reisen wird dir helfen, mehr und mehr deines Potentials zurückzugewinnen, und bringt dich näher zu dir, deinem höheren Selbst. Sie zeigt dir außerdem, daß du unabhängig von Therapeuten diese Schritte in das noch Unbekannte machen kannst, denn du erkennst, daß du niemandem dort innen begegnest außer deinem Selbst, und das wartet nur darauf, dich in die Arme zu nehmen.

Verborgene Gesichter

Du hast jetzt schon etwas mehr gewagt, den Deckel deines Kästchens zu öffnen. Merkst du, wieviel Energie dort verborgen liegt, wo du bisher nicht hingesehen hast? All das, was du an dir nicht wahrhaben willst, was hinter der Mauer liegt, verbraucht Energie und erst recht der Versuch, diese Mauer aufrechtzuerhalten. Wie kannst du fließen und strömen, wenn deine Kraft nur ein Rinnsal ist? Hundertfach gestaut und kanalisiert dümpelt es vor sich hin. Wenn du mit dem Rebirthing beginnst, wirst du genau diese verborgene Energie spüren, und nach aller Erfahrung entsteht dann Angst davor, daß es nun wieder „zuviel" ist. Deshalb wollen wir vorher noch einmal ins Kästchen steigen und mehr von deinen *verborgenen Gesichtern* sehen.

Wie gesagt, sie sind da — ob du sie bemerkst oder nicht.

Zunächst ist da einmal dein müdes Alltagsgesicht. Müde, weil es all die anderen Gesichter hinter sich verstecken muß und sie nicht in der Welt leuchten dürfen.

Dies ist ein Spiel für dich und eine Möglichkeit, all deine Gesichter kennenzulernen. Bewerte sie nicht, denn dann erfüllst du wieder die alten Programme, statt erfüllt zu sein.

Mache zunächst eine Liste all der Gesichter, die dir einfallen. Aller! Dein liebendes, weinendes, hassendes, manipulierendes, dummes . . . Gesicht. Auf der nächsten Seite findet du ein leeres Gesicht. Kopiere es für alle Gesichter, die dir eingefallen sind und ein paarmal mehr für die, die dir noch einfallen werden. Und dann bastel dir daraus ein Mobile und hänge es in der Nähe deines Bettes auf, um es entspannt zu betrachten. Meditiere über genau diese Situation und lies erst dann weiter.

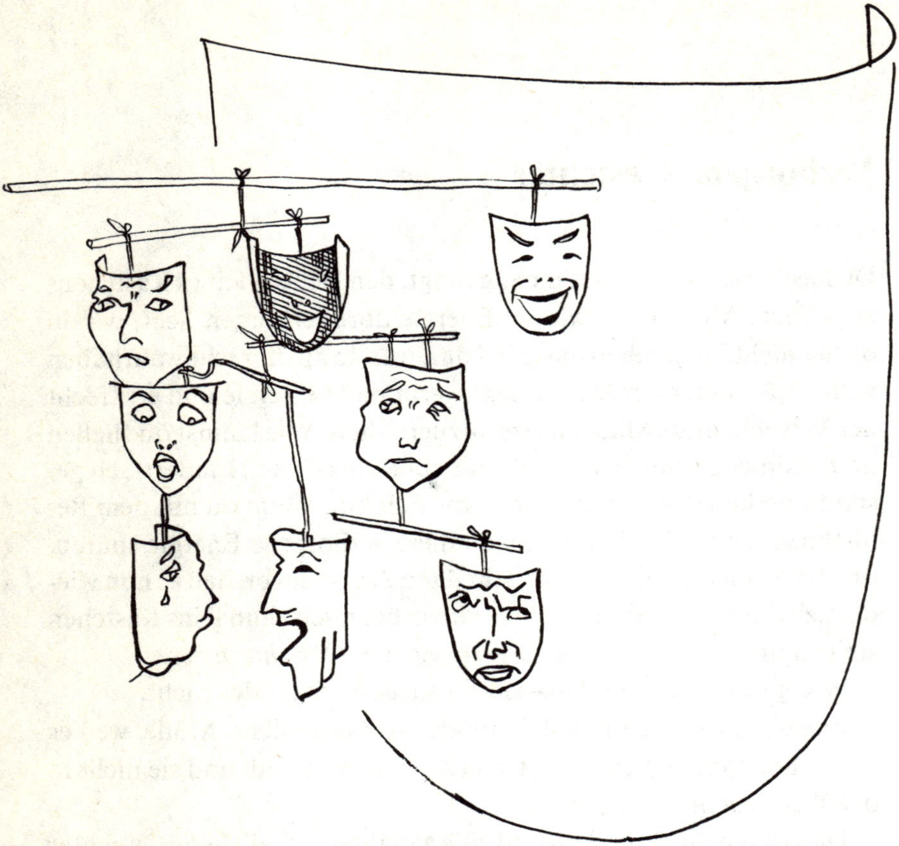

Verborgene Gesichter: Zeichne dir eine Maske auf, etwa so groß wie die leere Maske oben. Kopiere sie mehrmals und schneide sie aus. Dann zeichne deine verschiedenen „Gesichter" ein und baue ein Mobile.

Ich hoffe, du hast ein buntes Mobile mit all den Gesichtern, den bekannten und den unbekannten. Die Phantasiereisen zu machen, die Spiele zu spielen wird verhindern, daß es bei schönen Gedanken aus diesem Buch bleibt. Das mag aber auch dazu führen, daß du tatsächlich durch eine Zeit gehst, in der du dich unsicher fühlst und alles anders als vorher zu sein scheint. Dies ist das beste Zeichen dafür, daß alte Strukturen sich lösen, daß du erkennst: Du bist der, der die Fäden (des Mobiles) in der Hand hält und damit auch die Gesichter. Und du bist es auch, der für ein Gleichgewicht sorgt, so daß keins zu lange dominiert. Jedes Gesicht, ob gut oder schlecht, enthält deine Energie.

Manchmal mußt du dein Gesicht eben waschen, wenn es nicht mehr erkennbar ist, und manchem mußt du einen Eimer Wasser übergießen, wenn es zu hitzig wird. Aber du brauchst keins zu verstecken oder zu zerstören. Wenn dein Partner ebenfalls ein Mobile gemacht hat, sieh dir auch dieses an. Ist es deinem nicht in sehr vielem ähnlich? Merkst du, daß du einem anderen viel näher kommen kannst, wenn du all *deine* Gesichter zuläßt? Es ist wirklich schwer, andere zu mögen und ihnen nahe zu sein, wenn wir unsere eigenen Gesichter in die Ferne rücken. Und Nähe wollen wir doch?

Wenn du / ihr Spaß habt an diesem Spiel, baut euch größere Masken von Gesichtern, die ihr mögt und nicht mögt. Wechselt öfter zwischen ihnen, und in einer Gruppe kann sich spontan ein Spiel der Masken ergeben oder eine Party. Es ist wichtig zu *erfahren*, was es heißt, in eine Maske hineinzuschlüpfen. Wie veränderst du dich *unter* dieser und unter jener Maske? Wie nimmst du die anderen wahr, und wie nehmen sie dich wahr? Wie fühlt es sich an, die Maske eines anderen zu tragen?

Maske und Körper

Wenn du die Einleitung der Tiefenentspannung machst und die einzelnen Muskelgruppen nacheinander entspannst, hast du gemerkt, wieviel Energie durch die Entspannung frei wird. Achte bei der nächsten Entspannung einmal auf dein Gesicht, und du wirst merken, wie es glatter und weicher wird, je tiefer du losläßt. Denn mit der physischen Entspannung löst du die Energie aus deinen „Masken", und damit lösen sie sich auf. Du solltest auch einmal von außen beobachten, wie sich der Körper, das Gesicht verändert, wenn du diese Übung mit einem Partner machst. Du merkst, was du noch leicht im Gesicht wahrnehmen kannst, spielt sich im ganzen Körper ab. Auch dein Körper ist Ausdruck der Masken, die du am liebsten trägst.

Stelle dich vor deinen Partner oder vor einen Spiegel.

Dann erinnere dich an eine Zeit in deinem Leben, in der es dir wirklich schlechtging. Schließe die Augen und fühle, was du damals gefühlt hast. Und jetzt übertreibe diese Haltung ein wenig, wie ein Schauspieler, und achte dabei auch auf die Atmung. Ist sie tief oder flach, voll oder beengt?

Wenn du diese Übung mit einem Partner machst, laß dir ein Zeichen geben, wenn er davon überzeugt ist, daß es den Anschein hat, daß du dich wirklich schlecht fühlst. Und dann sieh in den Spiegel. Sieh aus einer Position von Bewußtheit durch deine ganze Maske *hindurch* in den Spiegel und nimm wahr:

Wie und wo spanne ich meinen Körper an?

Wie atme ich?

Wie nehme ich meine Umgebung wahr?

Denke daran, daß du diese Maske, und ich spreche jetzt immer auch über deinen ganzen Körper, nicht ohne sehr triftigen Grund gewählt hast. Du hast einmal erfahren, daß sie dir etwas ganz Bestimmtes verschafft. Kannst du erkennen, was du gerne durch sie erhalten möchtest, dort draußen?

Wenn du damit Schwierigkeiten hast, geh zurück in der Zeit mit dieser Maske und versetze dich zum Beispiel in das Haus deiner Eltern oder deiner ersten Bezugspersonen. Stell dir vor, du trittst herein, mit dieser Maske, und du begegnest deiner Mutter, deinem Vater, deiner Schwester usw.

Wie reagieren sie auf dich?

Und gehe gleich wieder zurück in dein jetziges Alter.

Das Opferspiel

Bekommst du *heute* mit diesem Spiel das, was du wirklich haben willst? Auch wenn du diese Frage bejahst: Kannst du dir vorstellen, dasselbe auch auf einem anderen, leichteren Weg zu bekommen? Warum ist es so schwer, diese Maske fallenzulassen, selbst wenn wir wissen, daß wir eigentlich heute effektivere Wege kennen, das zu erreichen, was wir wollen? Eigentlich ist es doch ganz natürlich, jemanden zu bitten, mich einmal in den Arm zu nehmen. Muß da diese Angst in meiner Stimme sein? Oder muß ich so lange schweigen und mich abkapseln, bis sich jemand meiner „erbarmt", weil ich erwarte, daß sie meiner Maske ansehen müßten, was ich jetzt brauche?

Nun, wir sind eben nicht mehr natürlich. Wir sind so identifiziert mit unseren Masken, daß wir sie kaum noch als solche erkennen. Doch je mehr wir uns mit ihnen identifizieren, je mehr wir glauben, daß sie unser Selbst wären, desto starrer werden unsere Ansichten und Urteile über uns selbst und über andere.

Wenn ich mich als Opfer fühle, kann ich mich hilflos fühlen und benehmen. Ich habe wahrscheinlich eine eingefallene, gebückte Körperhaltung, fühle mich meist kraftlos bis depressiv und irgendwie schuldig an meiner eigenen Existenz. Und irgendwo dort draußen erwarte ich Hilfe, an die ich aber eigentlich nicht glaube.

Erlaube dir einmal, dich als totales Opfer deiner Umstände zu fühlen, und spiele wieder mit deinem Partner; erzähle ihm ausführlich, wie verzweifelt du wieder bist, und laß ihn diesmal einfach auf jeden Satz reagieren. Wenn du keinen Partner hast, rufe jemanden an, der dich einige Zeit nicht gesehen hat, und spiele ihm die Opferrolle vor, so gut du nur kannst. Ich verspreche dir: Je besser du diese Rolle spielst: desto mehr Spaß (!) wirst du haben. Lies bitte erst weiter, wenn du dieses kleine Spiel gemacht hast.

Du wirst gemerkt haben, wie wunderbar du deine Umwelt manipulieren kannst. Was du in der Regel bekommst, wenn du diese Rolle wirklich gut spielst, sind folgende Reaktionen:

Man wird dir viele, viele Anregungen und Ratschläge geben wollen.

Hat deine Erfahrung nicht etwa so ausgesehen:

Opfer: Du, ich weiß gar nichts mit mir anzufangen. Zu nichts habe ich wirklich Lust.

Partner: Ich habe da vor kurzem diese Gruppe bei diesem phantastischen Therapeuten gemacht. Da solltest du hingehen.

Opfer: Ich glaube nicht, daß der mir helfen kann.

Partner: Etwas mußt du schon tun. Wenn du einfach nur herumhängst . . . Sei doch mal 'n bißchen spontan.

usw.

Wenn du deine Opferrolle gut ausspielst, wirst du bei anderen, die auch einer Rolle verhaftet sind, die polare Reaktion herausfordern. Ratschläge und Aufforderungen, Beschimpfungen sind die Regel. Nur wirst du sie nicht annehmen, und wenn, dann nur, um zu beweisen, daß sie dir nicht helfen.

Es gibt Untersuchungen über Ehepartner, bei denen der eine Teil Arzt oder Therapeut ist und der andere Teil eine chronische Krankheit oder ein psychisches Leiden produziert, das vom Ehepartner nicht geheilt werden kann. Ja, mit unseren Rollen und Masken spielen wir Spiele mit tödlichem Ernst. Dies gilt auch auf der politischen und globalen Ebene. Wir wollen beweisen, daß wir recht haben, und vergessen, daß dies ein völlig überholtes Überlebensspiel ist. Wir werden krank, weil der Körper zuviel Spannung erzeugen muß. Aus Ansichten werden Vorurteile und Ideologien. Solange wir versuchen, dem sich ständig ändernden Leben, dem fortlaufenden Wechsel immer mit dem gleichen „Programm" zu begegnen, wird der Erfolg auf die Dauer zu einer Art physischem und geistigem Tod führen. Dieser drückt sich nicht nur in unserem privaten Leben aus, denn mit der gleichen Einstellung begegnen wir unseren Nächsten und der ganzen Welt. Das Gefühl des Mangels in uns rührt daher, daß wir uns nicht vollständig annehmen und lieben.

Lieber glaube ich, daß dieser Mangel im Leben ein notwendiger Ausdruck der Situation dieser Welt ist, als daß ich bereit bin, mein ganzes Potential zu entdecken. So suche ich Beweise. Wie anders ist es zu erklären, daß wir wider alles bessere Wissen akzeptieren, daß der Hunger auf dieser Welt nicht eine Folge falscher Verteilung und Nutzung der Ressourcen ist, sondern „naturgegeben"?

Weil wir Mangel spüren, müssen wir wenigstens das festhalten, was wir haben, und mit allen Mitteln versuchen, es zu sichern und zu vermehren. Wir halten fest und „brauchen": unsere Partner, Liebe, Macht, Rollen und Masken, Geld, Besitz.

Wir brauchen und deshalb bekommen wir auch: Eifersucht, Haß, Zukunftsangst, Depressionen.

Denn je mehr wir das eine wollen, desto mehr taucht automatisch das Gegenteil auch auf. Wo du Opfer bist, wirst du auf einen Täter treffen; wo du meinst, jemanden festhalten zu müssen, wirst du Eifersucht erfahren. Wenn du immer versuchst, lieb und nett zu sein, wirst du anfangen, deine Aggressionen zu unterdrücken. Du wirst sie ablehnen, in dir und auch in anderen. Weil du daran glaubst, wirst du für diese Haltung Bestätigung in deiner Umgebung suchen. Du siehst durch die Brille des Lieb- und Nettseins, daß jemand spontan seine Gefühle des Ärgers ausdrückt, und du wirst anfangen, diese „Leute" nicht zu mögen. Doch sie, diese anderen, sind der Teil, den du in dir ausdrückst!

Übung: Zerreißen der Maske

Wähle von deinen Masken diejenige, mit der du dich am meisten identifizierst, und setze sie noch einmal auf und nimm dieses Gefühl auch in deinem Körper wahr. Du solltest dir wenigstens fünf Minuten hierfür Zeit lassen. Dann nimm die Maske in deine beiden Hände und betrachte sie für weitere fünf Minuten. Und dann *Zerreiße sie!*

Schließe die Augen und empfinde dich ganz. Was genau in dir ist zerstört worden? Je mehr du dich mit dieser Maske identifiziert hattest, desto mehr Gefühle des Zerstörtwerdens wirst du empfinden. Du wirst aber auch gemerkt haben, daß du ganz plötzlich zurückgeworfen wurdest, *zu dir selbst*. An dieser Stelle kannst du noch einmal die erste Phantasiereise wiederholen. Sie wird diese Erfahrung vertiefen.

Bevor du dich dazu hinlegst, hänge dein Mobile so auf, daß du es leicht sehen kannst, wenn du die Augen öffnest. Während du dich diesmal in der Phantasiereise mehr und mehr ausdehnst, laß in diesen Raum auch all die Masken sein, die du bisher erkannt hast, und auch alle Einsichten über dich.

Wenn der Punkt der Explosion gekommen ist, dann laß deine Augen sehr, sehr langsam aufgehen und sieh das Mobile an. Sieh all deine Masken an, von einem stillen Punkt aus in dir, und bleibe bei diesem Erleben für mindestens fünf Minuten, während dein Partner die letzten Sätze der Reise spricht, und beende diese Meditation dann für dich selbst!

Was du hier erfahren kannst, ist die Wahrheit über dich!

Du bist nicht diese Masken und auch nicht all das andere „Zeug“ in dir!

Das Selbst und die Masken

Was du bisher bei den Übungen erfahren hast, war, daß du bestimmte Bewußtseinsinhalte hast, mit denen DU dich identifiziertest. Ein paar der Gründe, warum das so ist, hast du auch erkannt. Du nimmst dich also wahr als „ich bin glücklich“ oder „ich bin unglücklich“, „ich bin ärgerlich“ usw. In der Phantasiereise erfährst du, daß du den Bereich der Wahrnehmung dessen, was in dir ist, unendlich ausdehnen kannst. Dabei erhältst du mehr Spielraum, und du kannst dir so etwas vorstellen wie, daß dies unendlich viele Eigenschaften, Bewußtseinsinhalte, Fähigkeiten sind, ja sogar dein eigener Körper in dir ist. Die Hülle, die sich ausdehnt, das ist die Vorstellung, die du von dir hast. In ihr ist das, was du für dich hältst, und um sie herum ist alles. Wenn sie explodiert, kannst du dies als Vernichtung und Neugeburt erfahren. Vernichtet wird die begrenzte Vorstellung über dich, und neugeboren wird dein freies und allumfassendes Selbst. Aus der Erfahrung der Freiheit kannst du dir vorstellen, daß es deine Wahl sein kann, dich mit den Inhalten deines Bewußtseins zu identifizieren. Aber auch dich zu dis-identifizieren und zu deinem wahren Selbst zurückzukehren. Du machst die Erfahrung, daß du frei wählen kannst!

Nun, diese Erfahrung ist toll, aber bist du auch dazu bereit, die *Verantwortung* dafür, nämlich für dein Leben, zu übernehmen? Siehst du, daß du alle Fäden in der Hand deines Bewußtseins hältst? Siehst du auch, daß es nur eine Zeit gibt, nämlich JETZT; diesen Moment, in dem du entschieden hast, frei zu sein? Sorry, die alten Entschuldigungen kannst du jetzt nicht mehr gelten lassen. Wer würde sie dir auch ohnehin abnehmen?

Du erkennst also, daß du großartig bist, wenn du bereit bist, das fallenzulassen, was du bisher von dir geglaubt hattest.

Willst du es also wirklich versuchen?

Nun, schade, reingefallen. Du machst noch immer ein Programm aus dir. Aber das erinnert mich an die Geschichte von den Deutschen, die eine Revolution anfangen wollen. Sie planen, den Verkehr lahmzulegen, und wollen alle Bahnhöfe besetzen. Alle stimmen diesem Plan zu, und wie sie am nächsten Tag den Bahnhof erreichen, kaufen sie sich als erstes eine Bahnsteigkarte . . .!

Es nützt nichts, wie du schon bemerkt hast, sich gute Vorsätze zu machen, es zu versuchen. Du bist natürlicherweise ganz und vollständig; nichts, das es noch hinzuzufügen gäbe, nichts, das es abzulehnen gibt; nur mehr und mehr anzunehmen. Dies ist keine Bürde, kein neues Psychoprogramm. Es sei denn, *du* benutzt es so. Es ist ein Prozeß der *Erleichterung*. Es basiert alles auf *Einsicht* und deiner eigenen Wahl. Du brauchst nicht zu versuchen, natürlich zu sein, du bist es, wenn du dich läßt.

Es gibt keinen schwerwiegenden Fehler an dir. Du bist, wie du bist, und alles andere ist auch so, wie es ist, und das ist in Ordnung. Das kann heißen, daß du lernen mußt, das Unverzeihliche zu verzeihen. Das ist kein inneres Aufgeben, sondern Einsicht. Du wirst merken, daß du größer wirst, mehr Energie hast, wenn du wählst, den alten Programmen nicht länger zuzuhören. Kurz, du wirst Verantwortung in deinem Leben in dem Maße erfahren, in dem du dich von deinen Vorstellungen über dich und die Welt löst und zu deinem wahren Selbst zurückkehrst. Diese Erfahrung wird sich dem Selbst hinzugeben, wird all das unnötig werden lassen, was du dir bisher meintest beschaffen zu müssen. Als harmonischer Teil des Ganzen wirst du im natürlichen Einklang stehen, und die Existenz selbst wird dich stützen. Dann ist Geben und Nehmen eins. Nur das Natürliche kann die Natur transzendieren.

Wenn die Liebe dir winkt

Wenn die Liebe dir winkt, folge ihr,
Sind ihre Wege auch schwer und steil.
Und wenn ihre Flügel dich umhüllen,
gib dich ihr hin,
Auch wenn das unterm Gefieder ver-
steckte Schwert dich verwunden kann.
Und wenn sie zu dir spricht, glaube an
sie.
Auch wenn ihre Stimme deine Träume
zerschmettern kann,
Wie der Nordwind den Garten verwüstet.
All dies wird die Liebe mit dir machen,
damit du die
Geheimnisse deines Herzens kennen-
lernst und in
diesem Wissen ein Teil vom Herzen des
Lebens wirst.

Khalil Gibran

Die dritte Reise: Mit neuen Augen sehen

Mit der folgenden Phantasiereise hast du noch einmal Gelegenheit, Abschied von den Ängsten der Vergangenheit zu nehmen, und kannst beginnen zu leuchten.

Musik: Corridors of time

(. . . der Klarheit), die deinen Ort deutlicher macht. Ein Ort, an dem du Zugang haben kannst zu all deinen Fähigkeiten. Ein Ort, von dem aus du in völliger Sicherheit und Klarheit und Wahrheit auf dein Leben blicken kannst. Und wie du dich umsiehst, bemerkst du in einiger Entfernung eine große offene Theaterbühne. Und du siehst dich selbst dort auf dieser Bühne, und von allen Seiten kommen nacheinander Bekannte von dir auf diese Bühne: Freunde, Freundinnen, Vorgesetzte, Lehrer, deine Mutter, dein Vater, Geschwister, Personen auch aus deiner Phantasie, die du schon lange in dir trägst. Und aus diesem Ort der Sicherheit heraus beobachtest du, wie alle diese Personen anfangen, irgendwie an dir zu zerren, dich in verschiedene Richtungen zerren zu wollen. Manche, weil sie dich manipulieren wollen, dich bestrafen wollen; andere, weil sie dich lieben . . .

Und du spürst all diese Forderungen an dich, wie Fäden, die dich in verschiedene Richtungen ziehen. Und du wirst mehr und mehr verwirrt und weißt nicht, wie du dich verhalten sollst. Fühlst dich gefangen, wie im Netz einer Spinne, scheinbar unentrinnbar, ausweglos. Manche scheinen dir auf den Schultern zu sitzen, und du spürst die Last, sie zu tragen. Und es wird immer unerträglicher und unverständlicher für dich, dort auf der Bühne . . .

Und du versuchst vergeblich, sie abzuschütteln. Hoffst sie loszu-

werden, und versuchst, manchen zu gefallen und ihnen etwas vorzumachen, bei anderen wartest du darauf, daß sie dich freigeben, andere versuchst du loszuwerden, indem du ihnen sagst, was du eigentlich gar nicht denkst, aber was sie gerne von dir hören wollen. Manchmal schließt du auch einfach deine Augen, um das alles nicht mehr zu sehen, und deine Ohren, um das alles nicht mehr mitanzuhören. Und du ziehst dich zurück, aus deinem Körper, und fühlst kaum noch etwas . . .
Und du weißt gar nicht mehr weiter und versuchst, manche anzuschreien, abzuschütteln; aber niemand zeigt sich beeindruckt. Und irgendwo die Einsicht, daß du nicht mehr weiterweißt . . .

Und dann erstarrt dieses Bild, das du so intensiv betrachtet hast, plötzlich. Wie eine Fotografie vor deinen Augen. Wie ein Film, der angehalten wird. All diese Personen, noch um dich herum, aber du bemerkst eine Stimme, ein Gefühl aus deinem Inneren, und du spürst jetzt nichts mehr, außer meiner Stimme. Nicht mehr den Ort, nicht mehr die Zeit, nicht mehr deinen Körper, gar nichts mehr. Nur noch der Ton meiner Stimme. Nicht bewußt, wer da auf die Stimme hört, die spricht, und es beschäftigt dich auch nicht. Es ist einfach eine Stimme da, es ist einfach ein Erlebnis da, es ist jetzt das Erlebnis der Wahrheit, die dir gesagt wird. Und du wirst erkennen, daß die Wahrheit gesagt wird. Und du kannst alles, was für dich akzeptabel ist, aufnehmen, in dein tiefstes Wertesystem, auf jeder Ebene deines Körpers und deines Geistes: Anstelle was war, was sein wird oder sein sollte, kannst du sehen und hören, was jetzt ist . . .

Anstelle, was du sagen solltest, kannst du jetzt sagen, was du denkst und fühlst.

Anstelle, was du fühlen solltest, kannst du fühlen, was immer du fühlst.

Anstatt auf Erlaubnisse zu warten, kannst du danach fragen, was du brauchst.

Anstelle von Abwarten kannst du ein Risiko wagen, um deiner selbst willen . . .

Und jetzt kannst du auch das Netz verstehen, in dem du gefangen warst. Ein Netz aus Irrtümern und Verirrungen, und indem du jetzt frei wirst in Körper und Geist und weißt, daß das, was du vollbracht hast, deine Taten sind, bist du bereit, dich zu lösen von all den Kräften, die dich gefesselt haben . . .

Musik: Inkarnation

Und so blickst du einem dieser Menschen, die immer noch still um dich stehen, in die Augen, und eure Blicke treffen sich, begegnen sich. Und da streckt diese Person ihre Arme aus und berührt sanft dein Gesicht und sagt:

> Ich gebe dir dein Sehvermögen zurück, und du kannst klar sehen und hast die Freiheit zu sagen, was du fühlst und denkst . . .

Und du spürst, wie mehr Kraft zu dir zurückfließt, spürst vielleicht ein lebendiges Pulsieren in dir und erblickst eine Person, von der du etwas gewollt hast, aber nicht gewagt hast, es zu erbitten. Und so bittest du jetzt darum. Und da kommt sie auf dich zu und umarmt dich:

> Und du erhältst die Freiheit, zu berühren und berührt zu werden, deine Gefühle auszudrücken . . .

Und da merkst du, wie eine uralte Last von dir abfällt, und es kann leicht und hell in dir werden, als du auch die anderen Personen um dich herum ansiehst, ihnen begegnest. Und vielleicht spürst du das lebendige Schlagen deines Herzens, als du dieses Risiko eingehst, all diesen Menschen — und auch anderen — neu zu begegnen . . .

Und jenseits der Tränen und des Lachens, der Tragödien und Komödien, fängst du an, die Unendlichkeit in dir zu entdecken, zu spüren. Und in der Stille und Kraft deiner Unendlichkeit, die Fähigkeit, zu erschaffen, was dein Herz begehrt . . .

Und je mehr Menschen du begegnest, desto größer kann die Kraft werden, denn der Kampf ist jetzt vorüber. Du weißt, daß es sicher ist, ganz du selbst zu sein, und so kannst du es auch allen anderen erlauben. Und so bist du frei, ein harmonischer Teil des Ganzen . . .

Und kehrst jetzt langsam zurück, an deinen Ort der Sicherheit.

Verschließt ihn. Gehst die Treppe hinauf und verschließt auch diese Tür wieder. Aber du weißt, daß du alles mitbringen kannst, was du darfst . . .

Von 10 nach 9, beginnst tiefer zu atmen, nach 8 . . ., tiefer einatmen, nach 7 . . . und 6 . . . und dich langsam wieder bewegen, nach 5, deine Füße, nach 4, die Arme, nach 3, dich recken und strecken und deine Energie spüren, nach 2, und wieder völlig wach und hier, 1, du bist wieder völlig wach und völlig hier.

III. Teil

Binde dein Kamel an, bevor du Allah suchst

Rebirthing bedeutet Wiedergeburt, und die ersten beiden Teile des Buches enthielten Vorbereitungen, die dir neue Dimensionen eröffnet haben. Sie sind Voraussetzung dafür, Rebirthing als einen ekstatischen Prozeß persönlichen Wachstums zu erfahren.

Die Methode des Rebirthings wurde in den frühen 70er Jahren von dem Amerikaner Leonard Orr in den USA entwickelt. Eine weltweite Verbreitung als ganzheitliche Selbsthilfemethode fand es aber mehr über die Therapeuten in den spirituellen Zentren der Sannyas-Bewegung.

Dort lernte auch ich Rebirthing zum ersten Mal kennen. Von meiner allerersten Rebirthingsitzung habe ich eine Aufzeichnung gemacht, die mehr den damaligen Stand dieser Technik — und natürlich auch meiner eigenen Entwicklung — wiedergibt. Ich halte diese Schilderung dennoch für sehr wichtig, um zu verstehen, daß auch Rebirthing immer neue Facetten offenbart.

Heute sieht Rebirthing ganz anders aus. Es ist leichter geworden, weniger schmerzhaft und ganz gewiß angenehmer. Deshalb solltest du dich von dieser Schilderung nicht irritieren lassen. Sie wird dir helfen, in deinem eigenen Prozeß viel schneller und müheloser voranzuschreiten.

Ich liege zusammen mit sieben anderen flach im Kreis auf dem gepolsterten Boden. Jeder hat einen anderen Gruppenteilnehmer hinter sich sitzen. Die Gruppe hat ziemlich unvermittelt begonnen. Die beiden Gruppenleiter haben eine sehr kurze Einführung gegeben — mehr technische Details zu einer bestimmten Atmung. Es käme aber alles von selbst, nur einfach tief und schnell atmen.

Ich fühlte mich offen, neugierig. Was kann Schlimmes kommen, denkt etwas in mir. Ist ja nur atmen, sicher so etwas wie beim Zazen. Einfach nur die Atmung beobachten. Dabei eben etwas schneller atmen. Ist ja alles etwas schneller und intensiver hier. Wird sicher eine interessante Erfahrung werden. Ich bin mir bewußt, wie mein Verstand meine Erfahrung vorprogrammiert, und erlebe gleichzeitig die scheinbare Sicherheit seiner ständigen Kontrolle. Loslassen? Ja sicher — aber so, wie ich es will! Immer noch hat der „Student" in mir die Oberhand. Ich ertappe mich dabei, wie ich Meditation, Gruppen und Körperarbeit genauso studieren möchte wie vorher meine Bücher und die Erörterungen in den Seminaren. Jetzt sind es die transpersonalen Erfahrungen, die ich gern in mein Schatzkästchen tun möchte.

Wir beginnen jetzt mit der Atmung, so wie sie erklärt wurde. Schließen die Augen und atmen durch den geöffneten Mund. Unsere Partner sitzen hinter uns, haben ihre Hand auf unserer Brust, um uns zu erinnern, hoch in die Brust zu atmen. Zuerst fällt es leicht; aber auch der Gedanke, hoffentlich dauert es nicht zu lange. Erste beklemmende Gefühle. Der Mund wird trocken vom Atmen. Wir sollen ihn jedoch nicht schließen. Ich atme weiter, mir wird schwindelig, mein Herz scheint schneller zu schlagen, es pocht laut und spürbar im ganzen Körper. Etwas langsamer, denke ich, du atmest zu schnell. Tiefer atmen und laß den Mund auf — die Stimme des Gruppenleiters im selben Moment in meinem Ohr. Er drückt meinen Unterkiefer nach unten.

Ich bekomme Angst — ganz unvermittelt ist sie da, irgendwie die Ahnung, daß das meiner Kontrolle bald entgleiten wird. Ich schwitze am ganzen Körper, atme weiter, die Brust wird enger, zieht sich zusammen. Das Einatmen wird schwerer, schmerzhafte Stiche in der Brust. Ich will mich bewegen, aus dieser Lage herauskommen — es geht nicht: Mein Körper ist wie an den Boden gekettet, unentrinnbar. Um meinen Mund ein Kribbeln. Er spitzt sich zu wie ein Karpfen, der nach Luft schnappt. Kribbeln in den Händen und Füßen. Die Hände werden schnell kalt, eiskalt und dann steif, verdrehen sich. Es geschieht so viel auf einmal, daß ich nicht mehr mitkomme. Um mich herum lautes Stöhnen und schweres Atmen. Auf meiner Brust fühle ich eine Hand, die mal drückt, mal Widerstand gibt. Aber was immer sie tut — es ist jemand da für dich, denke ich und fühle mich etwas sicherer. Immer noch atme ich — ich weiß auf einmal gar nicht anders zu atmen, es atmet mich, ich wüßte nicht, wie ich jemals aufhören könnte, so zu atmen. Wie damals, als ich LSD nahm. Die gleiche Angst, daß alles „so anders" bleibt, daß nichts mehr so sein wird wie früher. Gedanken, Wahrnehmungen, Gefühle rasen durch mich hindurch. Die Hände schmerzen entsetzlich inzwischen. Völlig unmöglich, sie noch zu bewegen, und dazu ziehen die Schmerzen jetzt in die Unterarme. Ich will aufhören, versuche mich zur Seite zusammenzurollen. „Atme tiefer, bleib bei der Atmung", der Therapeut preßt gegen meine Brust. Er ist wahnsinnig, völlig von Sinnen, denke ich. Das ist wirklich zuviel. *Das* habe *ich* niemals gewollt. Ein unendlicher Schrei löst sich aus meinem Körper. Es schreit mich. Rasende Schmerzen laufen die Wirbelsäule rauf und runter. Ich kann meine Augen ein wenig öffnen.

Noch immer Schreie, sehe gleichzeitig meine Hände — wie Krallen, den Raum wie im Nebel unwirklich: Und schlagartig entspannt sich alles in mir. Überall strömt Energie, der Körper ist Energie, fließt, vibriert in jeder Zelle. Erleichterung und mit ihr unerwartete tiefe Traurigkeit. Tränen fließen aus meinen Augen. Ich bin bodenlos traurig und gleichzeitig froh über diese Traurigkeit, über meine langversteckten Tränen. Wieder der Therapeut an meiner Seite: Weiteratmen! Mein Körper ist jetzt warm und weich, ich fühle mich traurig, froh, ganz und schön — alles gleichzeitig.

Wieder blinzle ich durch meine Augen: Um mich herum ein

Hexenkessel, den ich vorher gar nicht wahrgenommen hatte. Schreiende, lachende, weinende Menschen und die Therapeuten, die von einem zum anderen eilen und Kleenextücher verteilen. Ratlose, ängstliche Gesichter derer, die bei uns sitzen. Alles, was in meiner Umgebung passiert, nehme ich in mir wahr, scheint ein Teil von mir zu sein; nichts von dem, was passiert, scheint mir fremd, alles kann ich dasein lassen. Ich atme weiter, wieder beginnt es zu kribbeln. Diesmal lache ich, ich lache ohne Grund und fühle alles. Dann wieder leichte Schmerzen im Bauch, die stärker werden, und auch die Angst ist wieder da — ein großer Schweißausbruch am ganzen Körper, doch ich kann diesmal weiteratmen, fast mühelos. Der Wunsch, mehr und mehr Energie aufzunehmen, wenn ich atme. Mein Körper glüht, der Schmerz wird stärker. Beide Therapeuten jetzt an meiner Seite; ich spüre sie und höre ihre Stimmen durch den Schmerz hindurchdringen: tiefer atmen. Mein Körper bäumt sich auf und wird im selben Moment nach unten gedrückt — ich explodiere, mein Unterkörper und Oberkörper fliegen auseinander. Kein Körper, kein Denken, kein Burkhard. Nur noch intensive Farben: Lila, Blau und grenzenlose Energie, die ich bin. Frei, zeit- und grenzenlos. Ich nehme unendlich schöne Musik wahr, die wie Wellen durch mich hindurchfließt, und ich beginne mit ihr zu fließen, zu schmelzen.

Ich blinzle wieder durch feuchte Augen, sehe meine Partnerin und strecke die Arme nach ihr aus. Sie legt sich an meine Seite, umarmt mich. Geborgenheit — fraglos — wunschlos. Ich nehme mich wieder stärker wahr, fühle mich sehr klein und alles um mich herum sehr groß. Die Luft scheint aufgeladen mit Energie und flirrt. Der Gedanke: Ich bin durch, wodurch? Ich weiß es nicht — ist egal. Es ist schön hier, und ich sinke wieder zurück und verschmelze wieder mit allem, was mich umgibt. Tauche irgendwann wieder auf und bin hungrig. Eine Gier nach Essen in mir. Die Speisekarte eines Restaurants taucht vor meinen Augen auf, und jedes Gericht, das ich lese, kann ich schmecken. Ich richte mich auf, Augen treffen sich und wissen. Keiner stellt eine Frage am Ende der Sitzung. Ich habe Hunger, sage ich und höre meine Stimme: wie ein kleines Kind! Schallendes Gelächter bei den anderen. Wir gehen alle gemeinsam hinaus. Ich suche mein Fahrrad. Es stellt sich heraus: geklaut.

Dies war *mein* Anfang.

Meine erste Erfahrung war typisch für meine damalige Einstellung, es müsse nur die richtige Technik sein, der richtige Therapeut, dann könne Veränderung geschehen. Ich hatte mehr das Gefühl zu arbeiten als zu atmen, und ohne Hilfe von außen wäre dieser Prozeß ohnehin überhaupt nicht denkbar gewesen. Ständig hatte ich den Verdacht, etwas falsch zu machen, und die starken Spannungen waren natürlich etwas, was es unbedingt zu vermeiden galt. Ich muß da durch, höre ich es im Nachhinein noch in meinem Kopf hämmern, und schließlich bin ich ja auch durchgekommen.

Doch durch meine späteren Erfahrungen weiß ich heute, daß dieses erste Ergebnis, auch wenn ich hinterher ein ausgesprochen gutes Gefühl hatte, eigentlich durch eine Kapitulation vor den rasenden Schmerzen ausgelöst wurde. Nicht durch Einsicht, Annehmen und Loslassen. Ich hatte meine natürliche Atmung instrumentalisiert. Auch heute noch halten einige Rebirther das „forced surrender" für angebracht, und einige der Resultate sind auch dieselben; nur wird diese Art letztes Endes nicht die Autonomie fördern, denn sie beruht auf einschränkenden Voraussetzungen: zum Beispiel, daß ein Therapeut sein muß, der eingreift, daß Schmerzen ein notwendiger Bestandteil des Prozesses sind usw. . . .

Rebirthing ist keine Psychotechnik

Es ist eher das Zurückgehen zu jenem ersten Atemzug, mit dem wir auf die Welt kamen. Die Lungenflügel waren noch unter dem Brustbein gefaltet, und mit den ersten Atemzügen entfalteten sie sich. Die Atmung war 3-4 mal schneller als heute, und es gab noch keine lange Pause zwischen den Atemzügen. Genauso atmet man im Rebirthing. Zunächst ist es ein bewußtes Eingreifen in deinen „normalen" Atemprozeß. Du atmest willentlich schneller und machst keine Pausen mehr. In diesem Stadium nimmt man Rebirthing oft so lange als anstrengend wahr, bis der Körper sich an diese erste Atmung wieder erinnert. Dein Körper, dein Unterbewußtsein kann sich dann auch wieder an diesen Moment deiner Geburt erinnern. Eine Bedeutung von Rebirthing ist ja gerade dieses Erlebnis deiner Geburt und deiner ursprünglichen Atmung. Was aber bei allem, das du beim Rebirthing erlebst, das wichtigste ist: daß du dich deiner eigenen Atmung überläßt, daß du lernst, deinen natürlichen Impulsen zu vertrauen, daß du dich dem Fluß des Lebens/Atmens überläßt. Das ist ein uralter, natürlicher Prozeß, sich ergreifen zu lassen von der Kraft des Lebendigen. Es ist ein Einstimmen auf ein Seinsniveau der inneren Ausgeglichenheit von Körper, Geist und Seele. Und ein Weg, all dies zu transzendieren und zur Erfahrung von   zu kommen. Diesen Zwischenraum habe ich bewußt gelassen, denn die Erfahrung der Transzendenz ist so individuell verschieden und einmalig, daß ich darauf verzichte, sie für dich zu benennen. Für mich war es die Erfahrung von Liebe, die alles durchströmt und verbindet.

Atemmeditation

Diese Meditation kannst du alleine machen oder dir den Text dazu vorlesen lassen. Im Hintergrund lasse die zweite Seite der Cassette leise laufen. Du mußt hierbei in keiner Weise deine Atmung verändern, aber auch nicht eingreifen, sollte sie sich allein verändern oder irgend etwas anderes in dir passieren.

Die Dunkelheit der Nacht eilt so schnell heran,
und die Schatten der Liebe
umschließen Körper und Geist.
Öffne das Fenster zum Westen und verschwinde
in deinem inneren Raum.
In der Mitte deiner Brust ist eine offene Blume,
trink den Nektar, der diese Blume umgibt.
Wellen rollen heran,
es ist eine solche Herrlichkeit nahe dem Ozean.
Horch — der Klang riesiger Muscheln! Klang der Glocken!

Kabir sagt: Freund, höre,
das ist, was ich zu sagen habe,
der Gast, den ich liebe, ist in meinem Inneren.

Freund, hoffe auf den Gast, solange du noch lebst.
Tauche in Erfahrung ein, solange du noch lebst.
Denke daran, vergiß es nicht, solange du noch lebst.
Was du *Erlösung* nennst,

gehört in die Zeit vor deinem Tod.
Wenn du die Fesseln jetzt nicht löst,
glaubst du, die Geister
tun es für dich — nach deinem Tode?

Zu denken, daß die Seele sich mit der Ekstase vereint,
nur weil der Körper verrottet —
das ist alles Einbildung.
Was du jetzt findest, wirst du auch dann finden.

Wenn du jetzt nichts findest, endest du lediglich
in einer Unterkunft der Stadt des Todes.
Aber wenn du das Göttliche jetzt liebend umarmst,
dann hast du im nächsten Leben
das Antlitz befriedigten Verlangens.

Also tauche in die Wahrheit ein.
Finde den Lehrer,
glaube an den großen Klang!

Kabir sagt dies:
Wenn du den Gast suchst,
ist es die Leidenschaft deines Verlangens,
das die ganze Arbeit tut.
Schau mich an . . .
und du siehst den Sklaven dieser Leidenschaft.

Diese Sutras von Kabir handeln von dir. Seine Worte treffen hart, sie treffen den Verstand, werfen dich zurück in dein Zentrum, indem sie dir deine Sterblichkeit unentrinnbar vor Augen führen. Keine Illusion ist mehr möglich: zu denken, daß die Seele sich mit der Ekstase vereint, nur weil der Körper verrottet.

Wie viele hoffen und warten auf das Wunder, das sie errettet und erlöst? Wenn du jetzt nicht erfährst, was Ekstase ist, wie willst du sie dann jemals erkennen?

Auch Rebirthing konfrontiert dich mit dem Tod! Rebirthing zerstört alle Illusionen, die du über dich hast, und offenbart alle Lügen, an die du glaubst. Erst dann die Wiedergeburt — das Rebirthing —, der neue Anfang, in dem du alle Begrenzungen deines Körpers, die chronischen Spannungen und Krankheiten löst und auch die begrenzenden Ansichten über dich selbst. Es führt dich zu deinem Zentrum. Du kennst vielleicht deinen Körper, aber lebst du auch aus deinem Zentrum heraus?

Dieses Zentrum findest du, wenn du deinem Atem folgst.

Die folgenden Abschnitte beschreiben den neuesten Stand der Erkenntnisse über und mit Rebirthing. Es sind Vorschläge, die aus vielen tausend Rebirthingsitzungen heraus sich als wirksam erwiesen haben. Aber noch einmal: Rebirthing ist keine Technik, es sei denn, *du* machst eine daraus. Insofern kann es nicht *ein richtiges* Rebirthing geben, das ich dir per Diagramm, Cassette oder persönlich vermitteln könnte. Damit wird *deine* intuitive Atmung zu deinem besten Lehrer. Höre immer zuerst auf sie, und nimm die Anregungen dieses Teils als Möglichkeit zu experimentieren. Denke immer daran, daß Rebirthing eigentlich lustvoll und ekstatisch, klar und einfach ist.

Die Rebirthing-Atmung

Die Atmung beim Rebirthen ist rund, das heißt, du machst keine Pause zwischen der Ein- und Ausatmung. Ein- und Ausatmen verschmelzen zu einem ständigen Fließen.

Die Einatmung ist aktiv, du atmest so tief, wie du kannst, ein, bis hoch in deine Lungenspitzen. Dabei wird nichts festgehalten, das heißt, du atmest auch in den Bauch. Höre am besten dem Atemgeräusch der ersten Cassettenseite zu, dann bekommst du eine gute Vorstellung davon, wie du einatmest.

Die Ausatmung ist immer entspannt. Du läßt einfach los, kontrollierst niemals die Ausatmung (aus der Kontrolle der Ausatmung, bewußt oder unbewußt, ergeben sich die meisten Hindernisse).

Also: Aktiv einatmen . . . Passiv ausatmen . . . Aktiv einatmen . . . Passiv ausatmen usw. Die Atmung sollte nur durch die Nase oder nur durch den Mund erfolgen. Nicht wechseln wie zum Beispiel durch die Nase ein und den Mund aus.

Du beginnst aktiv durch die Nase einzuatmen und atmest gleich wieder aus. Schon nach wenigen Minuten wirst du viele Veränderungen in deinem Körper bemerken. Dir wird leicht schwindelig, das Herz schlägt etwas schneller. Bei allen Empfindungen, die du hast, denke daran, daß sie natürliche Anzeichen sind, daß sich die Energie in deinem Körper aufbaut, und daß du selbst dies willentlich hervorrufst.

Du atmest weiter und wirst eventuell feststellen, daß dein Brustkorb enger wird und das Atmen schwerer. Vielleicht spürst du noch andere Spannungen in deinem Körper. Diese sind immer da und genau die Spannungen, die dich hindern zu fließen. Da sie oft schon

Jahre alt sind, nimmst du sie (leider) nicht mehr wahr bzw. du atmest so flach, daß sie dir nicht bewußt werden.

Außerdem merkst du bald ein feines Kribbeln; das ist Energie (Prana), die jetzt anfängt, sich in deinem Körper zu bewegen. Sie wird überall dort auf Hindernisse stoßen, wo du Energie nicht hineinläßt oder festhältst. Genau diese Stellen können sich dann anspannen. Es ist wie mit dem elektrischen Strom, der von einem Pol zum anderen fließt. Gibt es ein Hindernis, wird sich der Strom stauen. Es kann sein, daß deine Hände hart und fest werden und du ein taubes Gefühl um den Mund herum bekommst. Du beginnst zu frieren oder zu schwitzen. Oft ist jetzt auch ein Gefühl der Angst da, daß du zuviel atmen könntest. Aber es gibt kein Zuviel-Atmen, denn dieser Prozeß wird von deinem Nervensystem gesteuert, und ein Regelmechanismus verhindert ein Zuviel.

Rebirthing geht immer so tief, wie du es in dieser Sitzung gerade zulassen kannst. Die Atmung bleibt eine Konstante in deinem Leben. Du wirst geboren — du stirbst, und dazwischen atmest du. Alles andere verändert sich — deine Gefühle kommen und gehen, du wirst traurig, glücklich, du liebst, haßt. Nur die Atmung fließt weiter und verbindet und durchdringt alles. Und genau diesem Fließen, dem Fließen des Lebens in dir überläßt du dich beim Atmen. Und schon bald machst du die Entdeckung, wie schwer es ist, zu fließen, loszulassen. Denn eigentlich wollen wir festhalten, möchten gern dieses oder jenes Gefühl, brauchen den einen oder anderen Menschen. Immer suchen wir nach Bezugspunkten, an die wir uns klammern können, die uns Sicherheit verheißen. Aber dazwischen fließt das Leben, und Festhalten hinkt immer dem Leben hinterher. Es gibt beim Autogenen Training eine Übungsformel, die lautet: *Es atmet mich.* Das besagt, daß *du* beim Atmen eigentlich gar nicht gebraucht wirst. Der Atem ist ein ständiger Fluß — keine Lücke, keine Pause ist möglich; denn ohne Atem stirbst du schnell. Gehe also mit dem Atem mit, folge ihm, wenn er in dich einströmt. Eile ihm weder voraus, noch folge ihm wie ein Schatten. Atem und Bewußtheit müssen eins werden. Und während du mit ihm fließt, wirst du bemerken, wie er rund wird. Ein und aus, wie eine Welle. Wenn du nicht mehr unterscheiden kannst, was Einatmung und was Ausatmung ist, gibt es den Augenblick der Verschmelzung. Dann bist du deinem Zentrum nahe. Du hast vielleicht das Gefühl, das dir deine Mitte fehlt, fühlst dich dezentralisiert. Doch je mehr du dich deiner eigentlichen Mitte näherst, deinem Selbst, desto mehr spürst du auch, wie schwer es ist, dich fallenzulassen. Du ahnst, daß du nur total leben kannst, wenn du aus deinem Zentrum lebst. Du weißt nicht, was geschehen wird. Du bist voll da und doch auch ganz anders als bisher. Du kannst dich nicht mehr binden, nicht mehr festhalten, und alles Leben strömt in dir, und du hast das Gefühl, daß du in alle Dimensionen des Seins eindringst und sie erfüllst.

Für deinen Verstand ist dies eine Gefahr, ist dies der scheinbare Tod. Und wo er Gefahr wittert, läßt er dich weniger atmen. Je lebloser, desto kontrollierter und sicherer. Er bleibt Herr der Dinge. Die Wut kannst du kontrollieren, die Liebe, alles, aber nur so lange, wie du die Energie auf ein Minimum drosselst. Wenn du aber deine Energie drosselst, kann die Atmung auch nicht dein Zentrum berühren, und du wirst bruchstückhaft, hast deine Mitte verloren. Damit wird auch alles, was du tust, nur zu einem Fragment von dir. In allem bist du nur teilweise.

Während du bei dieser Atmung mehr Energie erfährst, spürst du also auch die Angst vor ihr, und du wirst sie kontrollieren wollen. Genau dieses Kontrollieren, das Festhalten drückt sich symbolisch auch in deinem Körper aus. Mit den Händen und dem Mund hältst du fest. Und genau dort spürst du bei der Atmung auch dein Festhalten. 90 % aller, die mit Rebirthing anfangen, machen diese Erfahrung. Sie ist nicht ungewöhnlich (siehe nächstes Kapitel). Es gibt nichts *dagegen* zu tun. Denn alles, was du dagegen tust, wird die Spannung noch verschlimmern. Es geht darum, das anzunehmen, was immer in dir geschieht, was immer du denkst. Mit dem Annehmen dessen, was ist, atmest du durch alle Spannungen hindurch. Weder dein Körper noch deine Gefühle oder Gedanken sind dabei eigentlich wichtig. Sie liegen außerhalb deines Zentrums. Nur das Mitfließen ist wichtig. Je mehr du dich dem Fluß der Atmung überläßt, desto mehr lernst du von ihm anzunehmen und loszulassen. Dabei kann es passieren, daß dieser Strom dich zurückträgt zu Erfahrungen deiner Geburt oder zu Erlebnissen im Bauch deiner Mutter, und auch das ist völlig sicher, denn ganz augenscheinlich hast du deine Geburt überlebt, und so wirst du auch diese Erfahrung überleben und alle Angst, die vielleicht mit deiner Geburt verbunden ist, heute als Erwachsener lösen.

Rebirthing führt dich aber nicht notwendigerweise zu Geburtserlebnissen. Es ist unmöglich zu sagen, in welche Dimensionen dich der Fluß deiner Atmung führen wird. Er fließt immer nur dorthin, wo du bereit bist, hinzusehen, hineinzufühlen. Du wirst mehr und mehr Kraft in dir erfahren, die dich innerlich heilt, wie sie jede Zelle und Faser deines Körpers berührt und belebt. Du erlebst das Annehmen und Loslassen von Sitzung zu Sitzung schneller und einfacher, und je öfter du dein Zentrum berührst, wie kurz auch immer, desto öfter erlebst du Momente der völligen Losgelassenheit, des Ja-sagens und Annehmens. Du kommst in einen Zustand, der einem Orgasmus gleicht, einem kosmischen Orgasmus. Diese innere Erfahrung wird sich auch im Äußeren spiegeln: Du wirst dich energetischer fühlen und offener. Du lebst aus deiner Mitte, aus deinem Selbst heraus und erfährst, daß du es bist, der die Erfahrungen deines Lebens gestaltet.

Auf einige der physischen, psychischen und spirituellen Phänomene, die beim Rebirthing auftreten, möchte ich in den folgenden Kapiteln noch genauer eingehen.

Hyperventilation / Tetanie

Daß Rebirthing zur Hyperventilation führt und dies gefährlich sei, ist ein Einwand, der gerne von Ärzten vorgebracht wird. Es gibt Menschen, die unter starkem psychischem Streß hyperventilieren und eine Tetanie entwickeln, das heißt, es verkrampfen sich die Hände und der Mund. Dies ist von Gefühlen der Panik und Hilflosigkeit, diesen Zustand zu beenden, begleitet. Von schulmedizinischer Seite wird in solchen Fällen Kalzium gespritzt, oder es wird dem Patienten eine Plastikhaube über den Kopf gezogen, bis sich die Atmung normalisiert.

Wir haben bereits den Hinweis gegeben, daß jeder, der von seiner physischen oder psychischen Krankheit weiß, vorher einen im Rebirthing erfahrenen Arzt befragen sollte. Anders als bei der durch Streß bedingten unfreiwilligen Hyperventilation atmet man im Rebirthing freiwillig und bewußt. Nach unserer Erfahrung ist Hyperventilation selbst die Folge einer chronisch fehlerhaften Unteratmung. Durch Rebirthing lassen sich alle Erscheinungen der Hyperventilation in einigen Sitzungen auflösen. Danach wird sie auch bei langen Atemsitzungen nicht mehr auftreten. Es ist unsere Erfahrung, daß Angst der grundlegende Auslöser der Hyperventilation ist. Mit dem Annehmen aller Gefühle verschwinden diese Symptome. Menschen, die an chronischer Hyperventilation leiden, haben durch Rebirthing unter erfahrener Anleitung diese Erscheinungen mildern und auch auflösen können.

Wenn du merkst, daß sich beim Rebirthing deine Hände versteifen, ist es ein Zeichen, daß du zu unbewußt geatmet hast. Manche meinen, es käme darauf an, möglichst viel Luft zu bewegen, und atmen zwar schnell, aber auch sehr mechanisch. Es kommt darauf an, von Beginn der Atmung an die Energie, die sich in einem feinen Kribbeln äußert, im ganzen Körper fließen zu lassen. Außerdem darf die Ausatmung nicht gepreßt oder zurückgehalten werden, sonst staut sich die Energie. Wenn dir dies nicht möglich ist, atme trotz der Spannungen weiter. Die bewußte Wahrnehmung der Atmung erlaubt dir, die Angst zu überwinden. Du kannst in den Schmerz hineinatmen und ihn annehmen, dann lösen sich die Spannungen. Sie treten meist auf, kurz bevor du etwas integrierst, das du bis dahin verdrängt hast. Bei meinen ersten Rebirthings hatte ich immer ein Gefühl der Todesangst (Rebirthing wird auch der kleine Tod genannt) und starke Schmerzen, kurz bevor ich eine innere Befreiung erlebte.

Hyperventilation und Tetanie können bei fast jedem auftreten, und du solltest sie nicht als etwas Falsches betrachten, sondern als Zeichen und Hinweis, die Ausatmung loszulassen und bewußter in dich hineinzuspüren und zu fühlen. Hinter der Spannung verbirgt sich immer (!) ein Gefühl, das darauf wartet, entdeckt zu werden.

Zeit und Ort des Rebirthing

Der Rhythmus des Atems

Du wirst bemerken, wie deine Atmung sich während des Rebirthingprozesses verändert: Konstant bleibt nur das ununterbrochene Ein- und Ausatmen. Geschwindigkeit und Tiefe werden von selbst von Zeit zu Zeit variieren. Flach und schnell ist die Atmung, wenn du gerade zum Beispiel durch Schmerzen hindurch atmest. Je mehr du rebirthst, desto besser wird deine Atmung mit dem inneren Geschehen übereinstimmen. Atmen, Denken und Fühlen bilden dann eine gemeinsame Einheit.

Der Ort

Du solltest dafür sorgen, daß du während der Atemphase nicht gestört wirst. Lege dich auf eine nicht zu weiche Unterlage. Auch der Kopf soll flach liegen, damit die Luft frei in die obere Lunge strömen kann.

Für viele ist es am angenehmsten, sich völlig auszuziehen. Lege dir eine Decke zurecht, falls du anfängst zu frieren oder für die anschließende Ruhephase.

Positionen während der Atmung

Der eigentliche Ansatz beim Rebirthing ist, sich während der Atmung nicht zu bewegen, ja nicht einmal zu kratzen. Oft ist die Bewegung nur ein Versuch, es sich bequemer zu machen. Es ist eine andere

Art des Davonlaufens vor dem, was geschieht. — Es bewegen sich also nur der Bauch und die Brust beim Atmen.

Aber auch hier gilt, daß die Erfahrung, wieviel Bewegung und welche Position richtig ist, aus der Erfahrung der Atmung heraus entsteht.

Mache also keine bewußten Bewegungen, das heißt, entscheide dich nicht, daß es jetzt besser wäre, auf der Seite zu liegen, dich aufzusetzen usw.

Du wirst trotzdem oft überrascht feststellen, daß du nach der Sitzung in einer ganz anderen Haltung daliegst als vorher — das ist völlig in Ordnung. Die Weisheit deines Körpers hat dann diese Position gewählt.

Dauer und Häufigkeit

Über die Dauer einer Sitzung kann man vorher nicht viel sagen. Manchmal dauert sie 20 Minuten, manchmal 3 Stunden. Die meisten Sitzungen dauern insgesamt etwa 2 Stunden. Diese Zeitangaben sind aber keine Aussagen über die Qualität einer Sitzung.

Manchmal wirst du etwas Zeit benötigen, um Abstand von alltäglichen Eindrücken zu gewinnen, bevor du dich mehr auf dich und die Atmung einlassen kannst. Ein anderes Mal passiert „es“ wie von selbst in kurzer Zeit.

Du wirst während des Atmens das Zeitgefühl schnell verlieren. Solange du darüber nachdenkst, ob du weiteratmen oder aufhören sollst, atme weiter. Jede Sitzung kommt zu einem natürlichen Ende. Es wird immer soviel passieren, wie du in der Lage bist, zu diesem Zeitpunkt zuzulassen und auch zu integrieren. Brichst du ein Rebirthing mitten in einem Gefühl ab, wird dieses Gefühl noch einige Zeit nach dem Rebirthing bleiben, weil es nicht integriert wurde. Schaffe dir also einen Raum ohne Zeitdruck.

Es ist besser, Rebirthing dann zu machen, wenn du Lust hast und dich relativ ausgeglichen fühlst, als damit zu beginnen, um dich aus einem „Tief“ zu holen. Wenn du mit dem Rebirthing beginnst und dich entscheidest, es fortzuführen, sollte zwischen den ersten zwölf Sitzungen nicht mehr als eine Woche liegen, und sie sollten etwa eine Mindestdauer von einer Stunde haben. Die Regelmäßigkeit am Anfang leitet den Prozeß ein und führt ihn kontinuierlich fort. Unterbrichst du gerade am Anfang für längere Zeit, wirst du jedesmal den Eindruck bekommen, wieder ganz von vorne zu beginnen.

Hast du einmal die Erfahrung der Atembefreiung gemacht, wird es auch nach einer längeren Pause leicht sein, das Rebirthing wieder aufzunehmen.

Ausdruck von Gefühlen

Während der Atemphase solltest du nicht unnötig sprechen. Du benutzt die Atmung, um dich durch alles hindurchtragen zu lassen. Wie bei einer Meditation das Mantra ist hier die bewußte Atmung der Schlüssel. Fühle dich als Fluß, und alle Gedanken und Gefühle sind am Ufer des Flusses.

In manchen Therapien wird viel Wert auf den Ausdruck deiner Gefühle gelegt. Das heißt, du gehst bewußt in die Traurigkeit hinein und drückst sie völlig aus. Dies solltest du beim Rebirthing nicht tun. Solange du dich entscheiden kannst, ein Gefühl, das du gerade wahrnimmst, auszudrücken oder weiterzuatmen, entscheide dich dafür, bei deiner Atmung zu bleiben. Wenn ein Gefühl in dir so stark ist, daß es sich ausdrücken muß, wird es das von ganz alleine tun. Deine Entscheidung spielt dann keine Rolle mehr.

Dieser Ansatz verhindert, daß du in Gefühlen steckenbleibst. Der Ausdruck eines Gefühls, zum Beispiel von Wut oder Angst, beseitigt nicht deren Ursache, sondern verschafft nur eine vorübergehende Erleichterung. Wut und Angst sind deshalb oft so überwältigende Gefühle, weil wir sie nicht als einen Teil von uns annehmen; verdrängt ins Unterbewußtsein, werden sie immer stärker, bis sie sich eines Tages in einem Wutanfall oder einer Depression ausdrücken. Versuchst du noch stärker zu verdrängen, haben sie die Tendenz, sich als Krankheiten im Körper zu manifestieren. Wenn du ein Gefühl ausdrückst, bedeutet das aber noch lange nicht, daß du es als Teil von dir wirklich angenommen hast. Zudem hat jeder die Tendenz, an alten, bekannten Gefühlen festzuhalten. Man fühlt sich lieber traurig, als weiterzuatmen. Wir beobachten auch, daß manche mit ihrem „Lieblingsgefühl", welches es auch immer ist, die Sitzung beenden wollen. Ich kann dir jedoch versprechen, daß du mehr entdecken kannst, als du je geglaubt hättest, wenn du weiteratmest.

Laß aber aus dem bisher Gesagten keine unumstößlichen Regeln werden. In 90 % der Fälle ist es sinnvoll, ihnen zu folgen. In 10 % mußt du sie beiseite lassen. Dies gilt besonders für „Anfänger". Nach wenigen Sitzungen wirst du entdecken, daß du von allein anfängst, deiner Atmung zu folgen, nicht äußeren Regeln.

Es ist zum Beispiel für jemanden, der seinen Gefühlen lange Zeit völlig entfremdet war, durchaus wichtig, erst einmal jedes aufkommende Gefühl auszukosten. Es kommt oft vor, besonders bei Männern, daß sie weinen, weil sie weinen müssen. Sie weinen, weil sie glücklich sind, wieder weinen zu können!

Be creative!

Gedanken

Rebirthing funktioniert zum Glück trotz deiner Gedanken und nicht wegen ihnen. Du brauchst der Atmung keine bestimmte Richtung zu geben. Dabei stehst du dir nur selbst im Weg. Wenn du dir zum Beispiel vornimmst, beim Atmen an deine Geburt zu denken, weil du sie aus irgendwelchen Gründen meinst erleben zu müssen, schränkt dies deine Aufmerksamkeit und Sensibilität ein. Du schaffst dir einen Maßstab, mit dem du dein Erleben vergleichst. Du kannst dabei etwas verdrängen und nicht wahrnehmen, was im Augenblick in dir stattfindet, weil du dich entschieden hast, daß das nichts mit deiner Geburt zu tun hat. Das Ergebnis ist in aller Regel Frustration, wenn die Sitzung zu Ende geht und du „nichts“ erlebt hast. Ein Erleben ist *immer* da, nur du bist oft woanders.

Es kommt nicht vor, daß du „nichts“ erlebst, nicht nur beim Atmen. Es ist vielmehr so, daß auch das „Nichts“ ein Erlebnis sein kann. Denke an die Leere in dir, erinnere dich an die erste Phantasiereise. Es fällt oft schwer, die Leere zuzulassen, weil sie uns mit unserem Alleinsein konfrontiert und wir Alleinsein mit Einsamkeit gleichsetzen. Alleinsein ist im bewußten Erleben jedoch ein „Eins-mit-allem“-Sein.

Vergleiche nicht das, was du während der Atmung erlebst, mit irgend etwas, was du in der Vergangenheit erlebt hattest oder dir vorstellst, erleben zu wollen. Dann offenbart jeder Atemzyklus die Frische der Gegenwärtigkeit, und die ist immer neu.

Genauso neu ist jede folgende Rebirthingsitzung. Erwarte niemals, daß sie genauso schmerzhaft oder ekstatisch wird wie die letzte oder sich dort fortsetzt, wo du letztes Mal aufgehört hast. Rebirthing arbeitet nicht auf einer geraden analytischen Ebene, dies läßt dich den Prozeß am Anfang oft als chaotisch erleben. Im Laufe der Zeit wirst du aber ein geordnetes chaotisches Muster in dir entdecken, nämlich dein Leben.

Laß also deine Gedanken, auch deine inneren Bilder, da-sein, während du atmest. Laß dich aber nicht von ihnen lenken.

Es kann vorkommen, daß sich Gedanken und Bilder von allein kristallisieren. Du erfährst dies als plötzliche sehr klare Vorstellung eines Leitmotives. Leitmotive sind „Glaubenssätze", grundlegende und äußerst wirkungsvolle alte Prägungen. Diese können zum Beispiel sein:

Ich gehöre nicht hierher (auf diese Welt).
Niemand kümmert sich um mich.
Ich will nicht (geboren werden).
Ich bekomme nicht genug (Luft, Nahrung, Liebe).
Nein! (ein tiefes, existenzielles *Nein* zu allem, auch zu sich selbst).

Diese Glaubenssätze sind in der Regel von einem entsprechenden Gefühl begleitet. Wenn du so einen Satz erfährst, gedanklich oder in einem Bild, auch als Gefühl, merke ihn dir und sage ihn kurz und knapp deinem Partner, der ihn aufschreiben sollte. Im Kapitel über Rebirthing und positives Denken erfährst du unterstützende Techniken, diese Einstellung zu verändern.

Atme aber in jedem Fall weiter. Das bewußte Erleben dieser ersten Prägungen ist der erste Schritt dazu, daß du ihre Macht auflösen kannst, die sie bisher in deinem Unterbewußtsein auf dich hatten.

Das Geburtserlebnis kann die Prägung bewirken: Ich bekomme nicht genug Luft. Dies kann durch Störungen während der ersten Atemzüge entstanden sein und entwickelt sich im Laufe des Lebens meist zu: Ich bekomme nicht genug Nahrung . . . Liebe . . . Geld . . . Sicherheit usw.

Diese grundlegende Einstellung wird all dein Bemühen, sie zu befriedigen, zunichte machen. Du wirst nie genug bekommen können, weil du an den Mangel immer noch glaubst, der einmal da war und dein Leben bedrohte (ich bekomme nicht genug Luft — Erstickungsangst). Das Integrieren dieser ersten Prägung, die jetzt ja keine Gültigkeit mehr für dein Leben hat, läßt alle Ängste, die darauf aufbauen, in sich zusammenstürzen. Es ist, als ob man die unterste Karte eines Kartenhauses herauszieht. Die Integration der Grundangst macht alle verkrampften Überlebensstrategien überflüssig. Du suchst jetzt nach Liebe, nicht um dich an sie zu klammern, sondern aus Freude.

Atembefreiung und Geburt

Oft wird gefragt, woran man erkennt, daß der Prozeß zu Ende ist. Nun, er ist nie zu Ende. Rebirthing wird sich ständig mit dir verändern und du dich mit ihm. Immer feiner und subtiler werden die Dimensionen, in die es dich führen kann. Ein wesentlicher Schritt ist jedoch die Erfahrung der Atembefreiung. Diese kann dich ja zurückführen zu deinem ersten Atemzug eben dadurch, daß du diese Atmung wieder aufnimmst und der Körper sich erinnert.

Du wirst besonders dann deine Geburt erinnern, wenn sie ein schmerzhaftes Erlebnis für dich war. Genau darüber gibt es oft Mißverständnisse. Vielleicht hat dir jemand über deine Geburt erzählt, die Mutter, der Arzt, und du hast von ihnen erfahren, wie „schrecklich" deine Geburt war. Die Nabelschnur war um den Hals gewickelt, oder es dauerte zulange usw.

Doch alles, was dir darüber erzählt wurde, hat nicht unbedingt mit deinem tatsächlichen Erleben dieser Situation zu tun. Wie viele waren erleichtert, als sie durch Rebirthing feststellten, daß ihre Geburt durchaus nicht schrecklich für sie war, sondern vielleicht nur für die Mutter oder den Arzt. Mit den üblichen, gern benutzten Ausreden ist es dann allerdings auch vorbei. Dein ewiges Zuspätkommen hat dann eben nichts damit zu tun, daß deine Geburt solange gedauert hat . . .

Die Einflüsse der Geburt und auch der Zeit vorher können mannigfaltig sein, und hier werden nur ein paar Beispiele gezeigt. Ich habe im Anhang einige Literatur aufgeführt, die sich speziell mit der Geburt und ihren Einflüssen auf das spätere Leben beschäftigt.

Der wesentliche Augenblick ist der erste Atemzug; oft werden Kinder noch immer sehr unnatürlich auf die Welt gebracht — im Gegensatz zu allen Erkenntnissen zum Beispiel von Leboyer. Wie mag dein erster Eindruck des Empfangs auf dieser Welt sein, wenn dir gleich ein Schlauch in Nase und Mund gesteckt wird, um verbliebene Flüssigkeit abzusaugen? Es ist blendend hell, und die sterilen, kalten Metallinstrumente machen scharfe Geräusche. Du wirst an den Beinen gehalten und baumelst mit dem Kopf nach unten, nicht mehr geschützt vom Wasser in der Gebärmutter, sondern der Schwerkraft ausgesetzt. Neurologen behaupten, daß du noch nicht registrieren kannst, daß all das geschieht, weil der entsprechende Teil deines Gehirns noch nicht genug entwickelt ist.

Wenn du dich in Rebirthing oder Hypnose jedoch an diese Situation noch einmal erinnerst, wird dir diese Aussage egal sein. Eingeschränkte, zurückgehaltene Atmung kann eine Erfahrung dieser ersten Situation widerspiegeln.

Wer will schon in dieser Umgebung leben? So bildet sich von Anfang an ein zumindest eingeschränktes Ja zum Leben oder auch ein tiefes Nein. Dies spiegelt sich auch in der Atmung wieder. Voll zu atmen heißt, das Leben voll zu akzeptieren. Doch damals war diese Angst da, nicht zu überleben, und diese Angst lösen wir beim Rebirthing auf, indem wir uns die damalige Situation wieder verfügbar machen.

Es ist so, als ob wir einem Teil in uns, dem kleinen Kind, mitteilen, daß wir überlebt haben, daß wir jetzt für unser Überleben selbst sorgen können, daß es die Angst fallenlassen kann. Mit dem Fallenlassen der Angst können wir „aufatmen“, wir brauchen die Angst vor diesem schrecklichen Erlebnis nicht mehr zu verdrängen. Damit ist ein grundlegender Schritt getan, das Leben anzunehmen, wie es ist, und auch mich anzunehmen, so wie ich bin.

Geburtserfahrungen äußern sich beim Rebirthing weniger durch rationale Einsichten als durch intensive Gefühle. Oft wird der ganze Prozeß des Geborenwerdens nacherlebt. Die Bedrängnis, als die Wehen anfingen, das Gefühl, durch den Geburtskanal geschoben zu werden, der Austritt, die Abnabelung, das erste Saugen an der Mutterbrust usw.

Wie gesagt, in all diesen Phasen können Störungen auftreten. So erlebt das eine Kind das Geschobenwerden durch den Geburtskanal als sehr angenehmes Massiert- und Geknetetwerden, während das andere panische Angst erlebt und es als unentrinnbare Enge empfindet, vielleicht weil die Mutter zu sehr preßte.

Folgen von Störungen bei der Geburt

Schon in der Gebärmutter kann das ozeanische Gefühl absoluter Geborgenheit gestört werden, zum Beispiel durch Medikamente, Chemikalien, Drogen.

Magersüchtige, die Rebirthing machen, erinnern sich oft an eine Situation, als würden sie durch das Blut der Mutter vergiftet. In manchen Fällen könnte durch Nachforschung herausgefunden werden, daß die Mutter tatsächlich ein Medikament erhielt, das aber vom Arzt für unbedenklich gehalten wurde.

Auch psychischer Streß oder der Gedanke, daß das Kind eigentlich nicht gewollt ist, führt zu negativen Einstellungen dem Leben gegenüber. Dies müssen dabei nicht unbedingt die Gedanken der Mutter sein. Schon der geäußerte Vorschlag einer Abtreibung kann wahrgenommen werden.

Frühgeburten neigen dazu, Schwierigkeiten mit der Zeitwahrnehmung zu entwickeln. Sie können zum Beispiel das Gefühl bekommen, immer zu spät zu kommen.

Spätgeburten haben ebenfalls diese Schwierigkeiten, nur neigen sie tatsächlich dazu, zu spät zu kommen. Auch in dem Sinne, daß sie gerade einen Tag zu lange gewartet haben, bis sie ihre Bewerbung abschickten usw.

Kaiserschnitt: Es fehlt das eigentliche Geburtserlebnis. Hier tritt oft die Schwierigkeit auf, aus eigenem Antrieb heraus Situationen zu bewältigen. Man hofft auf eine imaginäre Hilfe.

Narkose der Mutter bei der Geburt: Dies führt oft dazu, daß das Geburtserlebnis nur sehr schwer zugänglich ist. Bevor es erlebt werden kann, muß oft eine große Mauer bleierner Müdigkeit überwunden werden, die das Erlebte abschirmt. Auch im Leben besteht die Tendenz zur Müdigkeit und „Bewußtlosigkeit“. Die Integration dieser Müdigkeit erfordert oft, Rebirthing im Sitzen, mit offenen Augen oder im Wasser zu machen, weil man sonst einfach tief und fest einschläft.

Wichtig ist bei allem, was du erlebst, nicht gleich nach Interpretationen zu suchen und es einzuordnen, so daß du einen Zusammenhang mit deiner Geburt konstruierst. Wenn du ein Geburtserlebnis hast, wirst du es wissen, kein Nachdenken ist dann nötig. Die Atembefreiung, also die Lösung deiner Grundangst, wird oft beschrieben als ein ekstatisches Gefühl. Du atmest Energie, du nimmst deinen Körper als Energiekörper wahr und atmest so von den Zehenspitzen bis zu den Haarwurzeln völlig mühelos, ekstatisch und lustvoll. Danach ist jeder Atemzug, dein ganzes bisheriges Atemmuster verwandelt.

Einwände

Es gibt wissenschaftliche, religiöse, weltanschauliche Einwände, die Erfahrung deiner Geburt zu wiederholen. Dies gilt erst recht für die Zeit im Mutterleib und wenn du gar Erfahrungen mit vorherigen Leben machst oder auf einmal einen Geistführer triffst. Anliegen dieses Buches ist es nicht, Argumente dafür oder dagegen anzuführen. Denn du wirst mit Sicherheit einige dieser Erlebnisse haben. Sie werden dir vielleicht das Gefühl geben, nicht mehr in Übereinstimmung mit der üblichen Ansicht der Realität zu sein. Und mit dieser Situation kannst du wachsen. Du wirst nach wie vor in der Lage sein, dein Leben zu führen.

Nur die Dimension, die Einstellung, aus der heraus du das tust, wird eine ganz andere werden.

Da ist die Geschichte des Zenmeisters, der von seinem Schüler gefragt wird, was er vor der Erleuchtung gemacht hat, und er antwortet: Früher stand ich morgens auf, ging an den Fluß und badete, hackte Holz und zündete Feuer für den Tee an.

„Und jetzt, Meister, was machst du jetzt, nach deiner Erleuchtung?“ fragt der Schüler, und der Meister antwortet: „Du siehst mich doch, ich stehe morgens auf, gehe an den Fluß und bade, hacke Holz und zünde Feuer für den Tee an!“

Du brauchst beim Rebirthing an nichts zu glauben! Nicht mal an das, was in diesem Buch steht. Es kann genauso wahr wie falsch für dich sein. Immer ist es deine eigene Erfahrung, die zählt. So kann es auch sein, daß dir der Gedanke kommt, die Erfahrung deiner Geburt dir nur eingebildet zu haben. Nun, ist das nicht phantastisch? Dein Unterbewußtsein hat dir eine symbolische Situation konstruiert, die wie deine Geburt aussieht, sich wie deine Geburt anfühlt, mit der wirklichen Situation aber nichts oder nur wenig zu tun hat. Trotzdem machst du an dieser symbolischen Situation die ganz wirkliche Erfahrung der Atembefreiung. Und diese hat ganz augenscheinliche Folgen für dein tägliches Leben. Was zählt, ist, daß all dies in dir stattgefunden hat.

Du hast dich selbst geheilt. Ich verspreche dir, daß es mir gleichgültig ist, warum du jetzt so glücklich bist, ich freue mich, daß du es bist. So ist es!

Krankheit und Heilung

Durch Rebirthing gelangst du zu der Erfahrung, daß der ganze Körper atmet. Während des Rebirthings werden viele Giftstoffe aus dem Körper ausgeschieden. Dies geschieht durch die Lungen, die Haut, Niere und Darm. Nach jedem Rebirthing solltest du deshalb ausgiebig zunächst warm, dann kalt duschen und auch viel trinken. Du kannst die reinigende Wirkung unterstützen, wenn du Mineralwasser mit Zitronensaft und einer Prise Meersalz nach der Atmung zu dir nimmst.

Es gibt viele Berichte, daß Rebirthing die Selbstheilungskräfte des Körpers außerordentlich anregt. Als ich Rebirthing für einen Monat jeden Tag gemacht habe, hat sich meine Kurzsichtigkeit nachweislich um 1,75 Dioptrien verbessert. Andere berichten über Verbesserungen von Beschwerden wie Neurodermitis, Asthma, Rückenschmerzen, Migräne usw.

Rebirthing ist jedoch keine Methode, direkt an einer Krankheit zu arbeiten; aber durch die bessere Koordination von Geist und Körper kommt es zu einem natürlichen Gesundheitsverhalten. Zigaretten schmecken auf einmal nicht mehr, die Ernährung wird umgestellt, weil frische, natürliche Produkte besser schmecken.

Krankheiten haben eigentlich nur dann eine Chance, wenn du deinen Körper nicht „bewohnst". All die Teile, die du nicht mehr spüren willst, weil in ihnen schmerzhafte Erinnerungen festgehalten werden, neigen dazu, krank zu werden, denn du entziehst ihnen deine Bewußtheit, und wie sich diese Gebiete dann nach einiger Zeit anfühlen, weiß jeder, der schon einmal massiert hat. Sie scheinen kalt, schlecht durchblutet und knotig. Wenn du wieder die Erfahrung machst, daß dein *ganzer* Körper atmet, lösen sich diese Spannungen im Fluß der Körper-Prana-Energie. Du kannst beim Rebirthen spüren, wie kranke, verspannte Stellen innen von Energie massiert werden oder wie sich Licht sammelt und sie heilt.

All dies geschieht ohne deine direkte Konzentration darauf, dies willentlich herbeiführen zu wollen. Es geschieht spontan, wenn du dir erlaubst, deinen physischen Körper anzunehmen und in deinem Tempel zu wohnen.

Erfahrung der Archetypen

Rebirthing muß nicht immer Geburtserlebnisse zur Folge haben. Es kann auch von Anfang an in ganz andere Richtungen gehen. Was aber immer passiert, ist, daß du zunächst auf deine alten Spannungen und Ängste, Verhaltensmuster und Überzeugungen triffst. Beginnst du dann, nachdem du dich davon etwas gelöst hast, zu fließen, laß dich einfach mittragen. Unterwegs wirst du überall auf dich selbst stoßen. Und hier möchte ich einige Anregungen geben, die die Rebirthingerfahrung unterstützen können:

Es gibt bestimmte Musik, die die Erfahrung des Loslassens unterstützt. Atem ist Rhythmus, und Rhythmus ist in vielen Kulturen ein Instrument, den rationalen Verstand, die Programmierungen, außer Kraft zu setzen. Dies geschieht durch Tanz und Bewegung (Sufi-Tänze, T'ai Chi) mit oder ohne Musik.

Musik ist eine Form von Energie, die nicht ausschließlich über das Gehör wirkt. Der ganze Körper kann Musik empfinden. Oft entsteht ein Gefühl, als würden die Zellen zum Schwingen gebracht. Alles um uns herum ist Schwingung, ist Welle und Materie zugleich. Indem wir uns mehr einschwingen, werden wir durchlässiger für andere Bewußtseinserfahrungen, die ihrerseits eine bestimmte Schwingung haben.

Du weißt, daß bestimmte Gehirnwellen auftreten, wenn du entspannt bist. Diese Zustände können willentlich herbeigeführt werden oder auch von außen durch ein vertieftes Wahrnehmen entsprechender Töne / Schwingungen ausgelöst werden. Bestimmte Schwingungen scheinen nun mit bestimmten Ur-Erfahrungen zusammenzuhängen. Dies zeigt der Gebrauch sogenannter Urtöne. Sie sind Schwingungen der Erde, Sonne, Mond und anderer Planeten, musikalisch umgesetzt in erfahrbare Töne / Schwingungen.

Johannes Kepler hat gesagt, die Harmonie der Sphären sei der Seele des musikhörenden Menschen archetypisch eingeprägt. Sie sei der Archetyp der allerwahrsten Harmonie, die es gebe, und befinde sich tief in unserer Seele (zitiert der Herausgeber Prof. Joachim-Ernst Berendt im Begleitbuch zu seiner Cassettenreihe „Urtöne").

Es gibt Cassetten, die auf den Tönen der Erde, der Sonne, des Mondes, der Venus, des Mars, des Jupiters usw. aufbauen. Wenn du diese Töne im Hintergrund zu deiner Atmung laufen läßt, ermöglichen sie im wahrsten Sinne Ur-Erfahrungen. Du beginnst zu verstehen, warum in der Bibel steht: Am Anfang war das Wort (Klang / Schwingung), und warum die Inder „Aum" als die Klangwurzel der Schöpfung bezeichnen. Du spürst, du bist selbst Ton, Schwingung. Dies ist ja auch die Bedeutung des Wortes Person (*personare:* hindurchklingen; siehe auch die grundlegende Arbeit von Cousto in: Die kosmische Oktave).

Eine andere Ebene berühren die Heilungsrhythmen der Sufi-Tänzer. Dies ist meine eigene Lieblingsmusik, wenn ich selbst atme. Sie ist sehr rhythmisch-ekstatisch. Sehr zu empfehlen ist auch die koreanische Platte: Samul Nori (Nonesuch 72093-1).

Wer mit klassischer Musik experimentieren möchte, sei auf den Bolero von Ravel und den Feuervogel von Strawinsky verwiesen.

Diese Klang / Schwingungsexperimente sollten jedoch erst nach etwa fünf bis sechs Sitzungen ausprobiert werden. Es gibt auch nicht wenige, die es lieben, nur der Musik ihres eigenen Atems zuzuhören.

Das Wasserrebirthing

In der ersten Zeit des Rebirthing bekamen die „Atmer" eine Nasenklemme, einen Schnorchel und stiegen in das körperwarme Wasser eines Hot-tubs, vergleichbar mit großen Badezubern oder den modernen Whirlpools.

Es gehört nicht viel Phantasie dazu, sich vorzustellen, daß dieses Erlebnis, unter Wasser zu rebirthen, zuviel für die meisten der Anfänger war. So verlegte man alles bald schon an Land. Es ist meine Empfehlung, Wasserrebirthing nicht an den Anfang deiner Erfahrung zu setzen. Du solltest dich, während du atmest, sicher fühlen, bevor du es ausprobierst. Für das Wasserrebirthing solltest du dir in jedem Fall einen darin erfahrenen Rebirther suchen.

Das Wasser hat Körpertemperatur, und du benutzt eine Nasenklemme, die im Sportfachgeschäft erhältlich ist, damit kein Wasser durch die Nase dringt und einen Schnorchel (bei empfindlichen Augen eine Maske benutzen).

Mit dem Gesicht nach unten treibst du auf dem Wasser, wenn nötig etwas gehalten durch den Rebirther. Die Atmung bleibt die gleiche. Nur scheint die Erfahrung der Schwerelosigkeit und der Wärme sehr schnell Geburtserlebnisse zu stimulieren. Wasserrebirthings sind immer schneller und intensiver.

Wenn deine Sitzung beendet ist, braucht der Körper viel Wärme. Nach einer kurzen Ruhezeit sollte dich jemand sanft mit Öl massieren.

Eine andere Möglichkeit ist, auf dem Rücken zu liegen, so daß nur noch die Nase aus dem Wasser ragt. In dieser Stellung atmest du, während dein Kopf vom Begleiter gehalten wird. In Hot-Whirlpools gibt es oft die Möglichkeit, unter Wasser zu sitzen — eine weitere mögliche Position.

Auch das Wasserrebirthing wirst du bald alleine ausprobieren können. Es reicht oft schon eine Badewanne.

Während unserer Rebirthingausbildungen, die meist in Asien stattfinden, machen wir viele Wasserrebirthings im offenen Meer. Das stark salzhaltige Wasser trägt den Körper besonders gut.

Ein weiterer Vorteil des Wasserrebirthings ist der, daß sich dein Körper natürlich mit der Atmung mitbewegen kann. Du spürst hier, daß die Atmung wie eine Welle durch den Körper läuft. Diese Bewegung erleichert das Loslassen. Wer nicht ins Wasser möchte, kann diese Situation dadurch simulieren, daß er auf einer Einkammerluftmatratze übt, die nicht völlig aufgeblasen ist; auch sie läßt dich besser mit der Atmung mitschwingen. Oder, wer hat, kann ein Wasserbett benutzen.

Nach dem Rebirthing

Im Anschluß an die eigentliche Atemphase, dann, wenn die Atmung wieder zur normalen Atmung wechselt, laß dir wieder viel Zeit. Diese Phase ist genauso wichtig wie die eigentliche Atmung. Du solltest in jedem Fall ausruhen, bis alle wesentlichen Spannungen gelöst sind und du dich wieder ganz wach fühlst. Stehst du zu früh auf, wird dir leicht schwindelig.

Es wird dir jedoch überhaupt nicht schwerfallen, liegenzubleiben, denn jeder, der Rebirthing macht, „liebt" diese Phase nach der Atembefreiung.

Vielleicht magst du deine Ruhe haben und alleine sein, oder du läßt dir eine sanfte Massage geben und hörst Musik. Die Musik dieser Phase sollte meditative Entspannungsmusik sein. Ein Beispiel dazu findest du auf der zweiten Seite der Cassette.

Du nimmst dich selbst und deine Umgebung in dieser Phase besonders stark wahr. Bleibe aber mit deiner Aufmerksamkeit ganz bei dir. Wenn du einige Minuten gelegen hast, kann es sein, daß das Rebirthing von alleine noch einmal anfängt. Laß es geschehen, und gehe wieder in die Atmung hinein.

Viele, die Rebirthing erlebt haben, möchten nach der Ruhepause noch etwas ganz für sich tun. Es ist oft so ein Gefühl, als feiere man den eigenen Geburtstag. In diesem Zustand bist du sehr offen für „Neuprägungen", achte auf dich und auf das, was dich umgibt.

Selbstrebirthing

Selbstrebirthing heißt, daß du ohne äußere Unterstützung durch einen Partner / Rebirther oder eine Gruppe bist. Dies hat offensichtliche Vor- und Nachteile:

Zunächst die schlechten Nachrichten: Rebirthing ist ein sehr intensiver Prozeß, der dich in kurzer Zeit mit alledem konfrontiert, was du bisher lieber unterdrückt hast. Dabei mußt du nicht automatisch nur an Schmerz denken, wir bekommen auch große Angst, wenn wir beginnen zu fühlen, *das wir Liebe sind*. Dies ist natürlich im Grunde keine „schlechte" Nachricht, aber die Intensität der Erfahrung läßt manche davor zurückschrecken. Die Gegenwart eines erfahrenen Partners ist eine große Hilfe, mehr zuzulassen.

Rebirthing verändert deine Wahrnehmung. Du kommst in einen Trancezustand. Diesen Zustand „bewußt" zu halten, das heißt, nicht in Gedanken, Bilder und Phantasien abzugleiten, sondern sie wahrzunehmen *und* weiterzuatmen, ist am Anfang leichter durch eine beobachtende Begleitung zu lernen. Der Partner kann erkennen, ob du „schläfst" oder bewußt atmest.

Die „gute" Nachricht ist die, daß du, wenn du allein durch diesen Prozeß gehst, wirklich deine eigene Unabhängigkeit, Kompetenz und Stärke entwickelst. Du entdeckst, daß die effektivsten Anlagen zum persönlichen Wachstum schon immer in dir liegen und nicht von außen vermittelt werden müssen.

Die Rebirthingcassette*

Wenn du allein erste Erfahrungen machen möchtest, findest du hier eine Annäherung, die dir den Prozeß langsam vertrauter machen wird.

Es ist die Methode der 20 verbundenen Atemzüge.

Du atmest dazu viermal verbunden, also ohne Pause, ein und aus, beim fünften Mal dann so tief, wie du irgend kannst, ein und aus, dann gleich wieder viermal ohne Pause ein und aus, dann beim fünften Mal wieder besonders tief usw., bis du insgesamt 20 Atemzüge ohne Pause geatmet hast.

Nach 20 Atemzügen spüre in dich hinein und, wenn du magst, mache nochmals 20 Atemzüge usw.; gehe nur so weit, wie du dich wirklich sicher fühlst. Im Verlauf von drei Tagen solltest du so auf 100 Atemzüge kommen.

Mache diese Übung zunächst nur mit Nasenatmung (ein- und ausatmen ausschließlich durch die Nase). Dann beginne diese Übung nochmals, diesmal nur mit Mundatmung.

Es ist eine langsame Atemerforschung. Das Zählen hilft dir, bewußt bei deiner Atmung zu bleiben. Das Atemmaß setzt Anhaltspunkte, so daß du nicht das Zeitgefühl verlierst.

Wenn du bei 100 Atemzügen angelangt bist, laß das Zählen fallen und atme immer so lange, wie du dich sicher fühlst. Mit „sicher fühlen“ meine ich nicht, daß nichts geschehen soll, sondern daß du der intuitiven Lenkung deiner Atmung vertraust und nicht der Kontrolle deines „Kopfes“. Dieser Teil der Cassette ist etwa 20 Minuten lang. Laß dich von dieser Zeit nicht einschränken. Dein Prozeß mag früher

---

* Angaben zum Beziehen der Cassette S. 115

zu Ende sein oder viel länger dauern. Du kannst dieses Band auf eine längere Cassette überspielen, wenn du eine längere „Begleitung“ haben möchtest.

Diese Cassette soll dir helfen, dir die Zeit zu nehmen, dich auf deine Atmung einzulassen. 20 Minuten ist dabei eine Zeit, die aus der Erfahrung von vielen Rebirthingsitzungen gewählt wurde. Es ist eine Zeitspanne, in der die Atmung einen Zyklus durchläuft. Das Ende eines Zyklus wird erfahren durch das Gefühl einer neuen Ganzheit. Du fühlst dich „runder“. Danach kann ein neuer Zyklus beginnen. Es ist wie das Schälen einer Zwiebel. Jede neue Schale ist ein neuer Zyklus.

Die zweite Seite enthält eine speziell komponierte Entspannungsmusik. Die Musik entspricht den natürlichen Schwingungen, wie sie bei tiefen Entspannungszuständen auftreten. Stimmst du dich innerlich darauf ein, lösen sich Spannungen von allein, und es kommt zu einer Harmonisierung in deinem Energiekörper. Mache dabei einfach gar nichts, sondern bleibe im Kontakt mit deinem Körper. Fühle ihn und fülle ihn vollkommen aus mit deiner Bewußtheit. Spüre dabei, wie jede Zelle deines Körpers von den Klängen der Musik berührt wird. Bald wird sich dann ein leichter und angenehmer Schwebezustand einstellen.

Mit einem Partner

Die schönsten Rebirthingerfahrungen kannst du mit einem Partner machen, dem du vertraust. Dabei meine ich nicht, daß dein Partner „erfahrener" ist. Ich gehe davon aus, daß ihr beide noch keine Erfahrung gemacht habt.

Es gibt jedoch eine ernsthafte Schwierigkeit dabei. In jeder Beziehung entwickeln sich Vorstellungen und Abhängigkeiten, und damit entsteht auch eine Tendenz, den Partner zu kontrollieren. Du magst das zunächst abstreiten und bist der Ansicht, daß ihr eine Beziehung habt, die frei ist von dieser Kontrolle. Diese Muster sind jedoch oft unbewußt und stammen noch aus dem alten „Überlebensprogramm".

Der folgende Prozeß soll diese Muster bewußter machen und verhindern, daß sie den Rebirthingprozeß beeinflussen. Dies tun sie immer dann, wenn du als begleitender Partner anfängst, während dein Partner atmet, dich unwohl zu fühlen. Während des Rebirthings seid ihr auf einer außersinnlichen Ebene verbunden, und du wirst intuitiv „wissen", was bei deinem Partner abläuft, was er fühlt usw. Es kann sein, daß in der Beziehung eine unausgesprochene Abmachung besteht, über bestimmte Dinge nicht zu sprechen, ja, nicht einmal zu fühlen. Wenn durch die Atmung zum Beispiel viel Aggression geweckt wird und du merkst, wie dein Partner beginnt, sich unwohl zu fühlen (zieht sich innerlich zurück, wird unruhig usw.), wird dein Unterbewußtsein dies „wieder" als Bestätigung dafür nehmen, daß es nicht „sicher" ist, zu fühlen, was du fühlst. Dies erschwert den Integrationsprozeß natürlicherweise.

Die folgende Übung soll helfen, vor jeder Sitzung mehr Offenheit und Vertrauen zu schaffen. Der Prozeß mag am Anfang länger dauern, sollte aber nach einiger Zeit nicht mehr als 20 Minuten in Anspruch nehmen. Die anschließende Partnermeditation vertieft dann das Erfahrene auch auf der körperlichen Ebene.

Während der Übung sitzt ihr euch gegenüber, auf gleicher Höhe und haltet immer Augenkontakt! Dies ist *keine* Anregung zu einer Beziehungsdiskussion. Es geht dabei darum, die Dinge einfach auszusprechen. Auszusprechen heißt dabei, kurz und deutlich zu sagen, was du denkst und fühlst, ohne dich zu erklären und zu rechtfertigen. Es ist eine Übung des akzeptierenden Zuhörens.

Partner A: Was ist es, das du an mir magst?
Partner B: Antwortet mit je einem Satz.
Partner A: Antwortet nach *jedem* Satz von Partner B: Ich danke dir für deine Ehrlichkeit.
Nach ca. 10 Sätzen wechseln.

Partner A: Was wolltest du mir immer schon einmal sagen?
Weiter wie oben, dann wechseln.

Partner A: Wovor hast du eigentlich Angst?
Weiter wie oben, dann wechseln.

Partner A: Wie versuchst du, mich zu kontrollieren?
Weiter wie oben, dann wechseln.

Partner A: Worum wolltest du mich immer schon einmal bitten?
Weiter wie oben, dann wechseln.

Partner A: Was wünschst du dir für uns beide?
Weiter wie oben, dann wechseln.

Haltet am Ende noch für einige Minuten Augenkontakt, ohne zu sprechen. Erinnert euch daran, daß ihr größer seid als all das „Zeugs“, das ihr über euch denkt.

Die Aufgabe deines Partners beim Rebirthing ist die, „da“ zu sein. Als Partner ohne Rebirthingerfahrung solltest du nicht in den Prozeß eingreifen, bis auf ein paar Ausnahmen:

Du merkst, daß dein Partner aus dem Atemrhythmus kommt. Er atmet nicht ohne Pause oder preßt die Ausatmung zu stark, oder er wird müde. Erinnere ihn daran, immer weiterzuatmen. Dies kannst du zunächst nonverbal tun, indem du deine flache Hand auf das Brustbein deines Partners legst, als Erinnerung, hoch in die Brust zu atmen. Oder du machst selbst ein paar hörbare tiefe Atemzüge. Reagiert dein Partner nicht, sage leise: Bleib bei deiner Atmung. Am Ende des Prozesses decke deinen Partner zu und, wenn er mag, leg dich dicht an seine Seite.

Eurer Kreativität beim Partnerrebirthing sind keine Grenzen gesetzt, es öffnet sich stets ein Tor zu neuen Dimensionen.

Einige Vorschläge:
Setzt euch wie bei der Partnermeditation gegenüber und haltet Augenkontakt, während ihr zusammen atmet.

Setzt euch dichter zusammen und atmet gemeinsam. Eure Münder sind sich sehr nahe; während einer ausatmet, atmet der andere ein und umgekehrt. Ihr werdet schnell zu einem gemeinsamen Rhythmus finden.

Ein Partner sitzt im Schneidersitz, der andere setzt sich auf dessen Schoß. Legt eure Köpfe auf die Schulter eures Partners und beginnt zu atmen . . . Der gemeinsame Rebirthingprozeß wird euch zu einem tantrischen Paar werden lassen. Durch die gemeinsame natürliche Aktivierung eurer Chakren werden eure Energien auf allen Ebenen verschmelzen.

Partner-Atem-Meditation

Musik: Floating gently

Laß deine Augen jetzt geschlossen. Und spüre deine Atmung. Spüre, wie die Atmung kommt und geht. Ruhig und regelmäßig ein und aus. Einfach die Atmung beobachten, ohne jetzt irgend etwas zu verändern . . .

Und genauso langsam, wie dein Atem fließt, strecke deinen rechten Arm nach vorne aus und drehe die Handfläche nach oben, so als wenn dir etwas in die Hand gelegt wird. Und dann, genauso langsam, strecke den linken Arm nach vorne aus . . .

Und drehe die Handfläche nach unten, als wolltest du etwas weitergeben. Und langsam bringt eure Handflächen zusammen. Deine rechte Hand berührt die Handfläche deines Partners oder deiner Partnerin, und deine linke Handfläche berührt die deines Partners rechts . . .

Und jedes Mal, das du ausatmest, bewege deinen rechten Arm nach vorne. Wenn du jetzt ruhig atmest, geht dein rechter Arm nach vorne und dein linker Arm nach hinten. Und spüre dabei, wie ihr gemeinsam atmen könnt. Ruhig und regelmäßig, eine gemeinsame Bewegung eurer Atmung, eurer Arme und Schultern . . .

Alles andere ist dabei völlig entspannt, und du fühlst immer stärker die gemeinsame Atmung, ruhig und regelmäßig . . .

Dann laß die Atmung tiefer werden und schneller, tiefer durch die Nase atmen . . . einatmen und ohne Pause wieder ausatmen, aktiv einatmen und passiv wieder ausatmen, und mit der Einatmung nimmst du alles an, und mit der Ausatmung läßt du alles los. Alles hereinlassen mit der Einatmung . . . und alles herauslassen mit der Ausatmung . . .

Spüre den Fluß eures Atems. Nichts, das es wert wäre, festgehalten zu werden. Aktiv ein und passiv aus. Und vielleicht das Gefühl von Energie im Körper, ein leichtes Kribbeln. Und du läßt das alles fließen und atmest durch alles hindurch. Aktiv ein und passiv aus. Laß dich fließen mit der Atmung, tief und voll. Dich der Ausatmung anvertrauen, dich verlieren in der Ausatmung.

Gehe wieder zu deiner normalen Atmung zurück.

Und dann löse langsam den Kontakt mit deinem Partner, mit deiner Partnerin, und bringe deine Handflächen zurück auf deine Oberschenkel. Deine rechte Hand liegt auf deinem rechten Oberschenkel, deine linke Hand auf dem linken Oberschenkel. Und komm auch mit deinen Gedanken ganz zurück zu dir, zu deinem Körper, und fühle die Energie, die du aufgebaut hast . . .

Vielleicht ein Kribbeln oder Fließen in dir. Und laß all das geschehen und beginne deinen Körper durchzuspüren. Fühle deine beiden Füße und die Unterschenkel, die Knie, die Oberschenkel . . .

Richte deine ganze Bewußtheit auf deinen Körper, und es ist völlig mühelos, so dazusitzen, und du brauchst nur soviel Energie, wie nötig ist, deinen Körper aufrecht zu halten . . .

Spüre deinen Hintern und das Becken, deine Genitalien, den Bauch, die Brust, die Schultern hängen herab, und die Arme fallen aus den Schultergelenken, gelöst und entspannt. Und auch der Kopf ist entspannt und der Nacken. Vielleicht das Gefühl, daß der Körper sanft schaukelt, kaum wahrnehmbar mit der Atmung vor- und zurückgeht, sich ausbalanciert und eine völlig entspannte Position findet, fast von allein . . .

Deine Aufmerksamkeit wach und aufmerksam in deinem Körper, ganz bei dir dort innen. Und es ist leicht, dich zu erinnern, an deinem Ort der Sicherheit und Geborgenheit zu sitzen, und das läßt dich sogar noch ein wenig tiefer entspannen, tiefer nach innen sinken, an diesen Ort des Wohlgefühls . . .

Und an diesem Ort ist es völlig sicher und leicht, dich an einige Situationen zu erinnern. Eine Situation mit deinem Partner, mit deiner Partnerin, als du das Gefühl hattest, nicht akzeptiert zu werden, eine Situation, in der du das Gefühl hattest, nicht akzeptiert zu werden . . .

Und bringe diese Situation, dieses Gefühl, auf die rechte Seite deines Körpers. Stell dir dieses Gefühl, diese Situation mit der rechten Seite deines Körpers vor. Rechts von dir. Auch in deinem rechten Arm, in deiner rechten Hand dieses Gefühl . . .

Und eine andere Situation, auch rechts; eine Situation, in der du das Gefühl hattest, verletzt zu werden; eine Situation, mit deinem Partner oder deiner Partnerin, in der du das Gefühl hattest, verletzt zu werden. Rechts von deiner Mitte. Auch in deinem rechten Arm, in deiner rechten Hand . . .

Und eine andere Situation, auch dort, rechts. Eine Situation, in der du Angst hattest, verlassen zu werden . . . einmal, als du Angst hattest, verlassen zu werden . . . rechts von deiner Mitte, im rechten Arm, in der rechten Hand . . .

Und eine Situation, in der du Angst hattest, Gefühle zu zeigen. Rechts von deiner Mitte, in deinem rechten Arm, in deiner rechten Hand . . . Eine Situation, in der du Angst hattest, all deine Gefühle zu zeigen . . .

Und dann deine Aufmerksamkeit in deine linke Seite. Links von deiner Mitte, in deinem linken Arm, in deiner linken Hand, eine Situation, in der du das Gefühl hattest, akzeptiert zu werden. Du erinnerst dich an eine Situation, in der du das Gefühl hattest, akzeptiert zu werden. Links von deiner Mitte . . .

Und eine andere Situation, in der du gefühlt hast und gewußt hast, geliebt zu werden. Links von dir eine Situation, in der du das Gefühl hattest, geliebt zu werden. Und auch das alles fühlst du links . . .

Und einmal, als du es gern hattest, alleine zu sein. Links von dir erinnerst du dich an eine Situation, in der du es gern hattest, alleine zu sein . . .

Und einmal, als du all deine Gefühle gerne zeigen mochtest. Eine Situation mit ihm oder mit ihr, als du es gern hattest, all deine Gefühle zu zeigen. Und auch das fühlst du links von deiner Mitte, in deinem linken Arm, in deiner linken Hand . . .

Musik: Golden Flame (Floating gently)

Und dann spüre deine rechte und die linke Hand. Spüre die Handflächen sehr langsam mit der Atmung laß deine beiden Hände zusammenkommen. Und auch wenn das schwer sein sollte, laß beide Hände langsam zusammenkommen, und während das geschieht auch etwas anderes in dir. All deine Erinnerungen beginnen sich zu mischen, aufzuheben. Deine Gefühle fließen ineinander, und du weißt nicht mehr so genau, was gut und was schlecht war, denn das, was schlecht schien, war oft die beste Grundlage für etwas viel Tieferes, die Basis für spätere Fähigkeiten . . .

Und du erkennst dich in deiner Mitte. Erkennst, daß du mehr bist als dieser Körper, mehr bist als deine Gefühle und Gedanken. Und so spürst du noch einmal hinein in dein Becken und findest deine Atmung dort an ihrem tiefsten Punkt . . . Ruhig ein- und ausatmen . . .

Und ganz in der Mitte deines Beckens stell dir eine kleine Kugel vor aus Licht und Energie dort in der Mitte deines Beckens. Und immer, wenn du einatmest, steigt diese Kugel etwas höher, höher mit der Einatmung, steigt auf in der Mitte deines Körpers . . .

Mit der Ausatmung loslassen, entspannen mit der Einatmung diese Kugel aus Energie und Licht höher steigen lassen . . . in den Bauch . . . höher, durch das Sonnengeflecht in die Brust . . . und in die Mitte der Brust. Und laß diese Kugel dort ruhen, in der Mitte der Brust, und stell dir vor, wie sie sich verwandelt. Verwandelt in eine Rosenknospe. Eine kleine Knospe in einer Farbe, die du magst . . .

Und ruhig, wie deine Atmung, öffnet sich diese Rosenknospe langsam. Immer, wenn du einatmest, langsam, mühelos öffnet sich auch diese Knospe und öffnest du auch deine Brust, dein Herz, dich. Diese blühende Knospe öffnet dein Herz . . .

Goldenes Licht und Energie, die aus deinem Herzen strömt, während die Rose blüht und wächst und stärker wird. Und breite dein Gefühl über deinen ganzen Körper hinaus aus bis zum Körper deines Partners, wie Licht, das aus deinem Herzen strahlt und alles durchdringt . . .

Und während das von alleine weiter geschieht, nimmst du wieder langsam deine linke Hand und führst sie mit der Atmung höher an dein Herz zu deiner Brust, langsam und bewußt. Stellst dir vor, wie du diese blühende Rose auf deine Hand nimmst, und streckst deine Hand, deinen Arm aus, zu deinem Partner, und wo immer deine Hand diese Rose deinem Partner geben will, ist es richtig . . .

Irgendwann wird die Rose aus deinem Herzen, wird deine Hand deinen Partner berühren. Und dann rückt ihr zusammen, so eng, wie es sich gut anfühlt. Und seid einfach zusammen da . . .

Und hört in dieser Zeit ein paar Zeilen aus einem Gedicht:

Musik: Largo (Sampler 1)

. . . laßt Raum in eurem Zusammensein,
und laßt die Winde der Himmel zwischen euch tanzen.
Liebt einander, aber bindet kein Band der Liebe:
Laßt sie lieber ein bewegtes Meer zwischen
den Küsten eurer Seelen sein.
Füllt einander eure Schalen, aber trinkt nicht aus einem Becher.
Gebt einander von eurem Brot,
aber eßt nicht von dem gleichen Laib.
Singt und tanzt zusammen und freut euch,
aber laßt jeden von euch allein sein,
so wie sogar die Saiten einer Laute allein sind,
obwohl sie in der gleichen Musik schwingen.
Gebt eure Herzen aber nicht zur gegenseitigen Verwahrung.

Denn nur die Hand des Lebens kann eure Herzen halten.
Und steht zusammen, nur nicht zu nah zusammen;
denn die Säulen des Tempels stehen getrennt,
und die Eiche und die Zypresse wachsen nicht
im Schatten der anderen.

Und jetzt braucht nichts mehr gesagt zu werden. Wann immer ihr wollt, beendet diese Meditation . . .

Rebirthing in der Gruppe

Rebirthing in der Gruppe garantiert immer eine intensive Rebirthingerfahrung. Die gemeinsam atmende Gruppe baut ein Energiefeld auf, das jedem einzelnen, aber auch der Gruppe als ganzer zur Verfügung steht. Hast du beobachtet, wie du auch gähnen mußtest, wenn dies jemand in deiner Gegenwart tut? Auf einer anderen Ebene geschieht beim Gruppenrebirthing dasselbe. Wenn auch nur einer eine Atembefreiung erlebt, setzt sich diese in der Regel durch die ganze Gruppe fort. Es ist ein kollektiver und individueller Prozeß zugleich. Wenn du atmest, hörst du die anderen ebenfalls atmen. Dies hilft dir, bewußt und wach zu bleiben. Du erlebst nebenbei das ganze Spektrum an menschlichen Gefühlen. Während der eine aggressiv schreit, lacht gerade ein anderer über den kosmischen Witz seiner Existenz. Es entsteht so der Eindruck, als würden alle Gesichter deines Mobiles auf einmal zum Leben erwachen und miteinander spielen.

Nimm in der Gruppe alles wahr, was auch um dich herum geschieht, versuche nichts auszublenden. Was du an dir ablehnst, wird meistens in der Gruppe besonders aktiviert. Vielleicht magst du nicht laut werden, schreien, und so wird dir alles um dich herum als ein Irrenhaus vorkommen, und du wirst meinen, du könntest dich nicht konzentrieren, weil es ja so laut ist usw. Je mehr du integrierst, je mehr deines Selbst du annimmst und lebst, desto intensiver werden sich die Grenzen zwischen dem „da draußen" und dem in dir verwischen. Du fühlst, daß die Gefühle der anderen auch in dir sind. Du bist nichts Besonderes, du wirst erkennen, daß du sogar ganz gewöhnlich bist, und das ist die Erleichterung.

Es gibt zwei Möglichkeiten, diese Gruppen durchzuführen:

Die Gruppe teilt sich in Paare, die eine Hälfte atmet, die andere assistiert. Nach der Ruhepause wird gewechselt.

Oder alle atmen gemeinsam. Die Gruppe sollte dann aber je nach Größe einen oder mehrere bestimmen, die den Prozeß beobachten und, wenn nötig, Hilfestellung geben.

Wir haben auf diese Weise Gruppen mit bis zu 120 Teilnehmern durchgeführt. An dieser Stelle sei auch darauf hingewiesen, daß solche Gruppen Ansprüche an den Ort der Durchführung stellen. Der Raum sollte heizbar sein und lärmisoliert und über sanitäre Einrichtungen verfügen, und damit sind wir beim „professionellen“ Teil des Rebirthings.

Der Rebirther

Einen Rebirther zu definieren ist nicht einfach. Es gibt jedoch ein paar Kriterien, die er erfüllen sollte.

Professionelle Rebirther müssen nicht unbedingt Ärzte, Psychotherapeuten oder Psychologen sein. In der Praxis sind sie es natürlich verschiedentlich. Rebirthing ist aber im Grunde eine Selbsthilfemethode, und der Rebirther ist jemand, der viel Selbst-Erfahrung im Rebirthing hat. Als Rebirther bist du so weit fortgeschritten, daß sich „Anfänger" in deiner Gegenwart sicher fühlen und es ihnen leichtfällt, sich auf ihren Prozeß einzulassen. Du wirst aus deiner eigenen Erfahrung erkennen, welche zusätzlichen Hilfen notwendig sein mögen, um den Prozeß zu erleichtern und zu festigen. Dein Anliegen wird es sein, niemanden von deiner Person oder Hilfe abhängig sein zu lassen, sondern du führst jeden durch seinen individuellen Prozeß auf den Weg der Selbständigkeit und Eigenverantwortlichkeit. Du bist in der Lage, dich selbst zu rebirthen und bildest dich auf diesem und verwandten Gebieten weiter.

Rebirther sind nicht lizenzpflichtig. Es gibt keine offizielle Ausbildung und staatliche Anerkennung. Wenn du einen Rebirther für dich suchst, bist du auf deine Intuition angewiesen. Aber dieses Buch wird dir eine große Hilfe sein, den „richtigen" zu finden. Manche Rebirther bieten kostenlose Einführungsveranstaltungen oder Vorgespräche an, und dies kann eine Möglichkeit für dich sein, Kontakt aufzunehmen.

Denke aber immer daran, daß *du* es letztendlich bist, der für die Ergebnisse verantwortlich ist.

Eine andere Möglichkeit ist, selbst eine Gruppe zusammenzustellen, die gerne Rebirthing erfahren möchte. Ihr könnt anfangen, mit diesem Buch gemeinsam in der Gruppe und auch zu zweit Erfahrungen zu machen. Nebenbei könnt *ihr* dann von Zeit zu Zeit einen Rebirther zu *euch* bitten, um mit euch zu arbeiten. Damit wird die Gruppe unabhängiger vom Stil nur eines *Rebirthers*, bestimmt weitgehend über sich selbst und ist kreativer.

. . . und andere Therapien

Rebirthing behauptet nicht von sich, die einzige oder wirkungsvollste Methode zu sein.

Viele der humanistischen Therapien beziehen Atmung und gezielte Atemprozesse mit in ihr Konzept ein. Rebirthing ist innerhalb *jeder* Therapie vorstellbar. Es ist jedoch manchmal fraglich, ob der jeweilige Vertreter einer Therapierichtung in der Lage ist, diesen Ansatz für sich zu nutzen. Wenn du in einer ständigen Therapie gleich welcher Art bist, solltest du deinen Therapeuten oder die Gruppe informieren, daß du Rebirthing machst.

IV. Teil

Der Magier des Herzens

Schon einige Rebirthings liegen jetzt hinter dir. Du hast die Herausforderung angenommen, die Illusionen, die unsere Lebendigkeit zerstören, zu erkennen und aufzulösen. Das anzunehmen, was wir aus Unwissenheit und Angst verleugnet haben.

Du kannst jetzt klarer erkennen, was es heißt, *Wirklichkeit* zu erschaffen.

Damit erkennst du auch, daß es dabei nicht um etwas Neues geht, sondern eher um etwas Uraltes: die Erkenntnis, daß wir Quellen und nicht Opfer des Lebens sind. Auf deinem Weg gibt es nichts abzulehnen, es gibt keine Chance, das Chaos zu vermeiden, sondern nur eine Chance, verantwortlich mit ihm umzugehen, innen wie außen.

Die Wissenschaft sagt uns heute, daß die Schöpfung ein geordnetes Chaos ist. Im Zen kennen wir schon lange die „donnernde Ruhe", und mein Lieblingskoan ist ein Ausspruch von Herbert Achternbusch: Du hast keine Chance — nutze sie!

Diese Transformation kannst du nur leisten, wenn du in Verbindung mit deiner eigenen Energie bist und offen für die Energie, die dich ständig umgibt. Fließt du mit ihr, weißt du nie, was passieren wird, und doch fällst du nie aus deiner Mitte.

Die letzte Reise bringt dich in Kontakt mit der Energie deines Herzens. Du kannst erkennen, daß das, was allem zugrunde liegt und alles durchfließt, *Liebe* ist . . .

Du lernst, daß du ein Magier, ein Schöpfer bist, der seine Energie transformiert, um seinen Weg des Herzens zu gehen.

Die vierte Reise: Mein Weg mit Herz

Musik: Floating gently

Und irgendwo dort, an diesem Ort, vor dir ein roter Vorhang, und wie du ihn langsam beiseite ziehst, dahinter ein roter Raum. Und du trittst auf den weichen samtigen Teppich, auch er rot, wie die Wände, und ein rötliches, warmes Licht von brennenden Fackeln, und alles angenehm warm. Und da siehst du in dem Raum ein rotes herzförmiges Bett, das dich einlädt, dich auszuruhen . . .

Und du legst dich in dieses rote Bett, das aussieht wie ein Herz, und sinkst zurück in die weiche Unterlage, sinkst zurück und fühlst dich völlig geborgen. Kannst dich in dieses weiche Gefühl hineinsinken lassen, dich sicher fühlen und wach. Und du weißt, daß dein Körper dort tief ausruhen kann, während du dir vorstellst, kleiner zu werden.

Dein Bewußtsein wird zu einem kleinen Punkt. Du wirst kleiner, kleiner, noch kleiner, so klein, daß du dich mit deinem Bewußtsein in deinem Körper bewegen kannst. Und so bewegst du dich in deinen Brustraum hinein. Und du hörst irgendwo leise dein Herz schlagen, ruhig und regelmäßig. Und du suchst nach deinem Herzen, versuchst es zu finden, doch alles, was du vor dir siehst, ist ein großer unordentlicher Haufen aus Gerümpel, ja sogar Schrotteile und Matratzen . . .

Selbst Stacheldraht aufgetürmt zu einer Burg, zu einer Festung, und wie du näher kommst, siehst du ein Kind, den Hüter des Herzens, den Schützer deines Herzens, und du erkennst, daß du selbst dieses Kind bist, das jetzt da sitzt mit einem großen goldenen Schlüssel bewacht es das Tor zu deinem Herzen, und es sieht sehr ängstlich aus, aber auch neugierig . . .

Und du gehst noch näher und erklärst dem Hüter des Herzens in deinen Worten, daß du gerne Spannungen lösen möchtest, daß du gerne dein Herz finden möchtest. Und das Kind antwortet dir, daß diese Spannungen eine Art Schutz für es sind, und es zeigt dir ein Buch, und auf dem Buch, auf dem Umschlag des Buches, steht groß und rot: GEFAHR. Und es erklärt dir, daß in diesem Buch Fotos sind. Fotos, die dir erklären können, warum diese Spannungen da sind . . .

Und so nimmst du das Buch, schlägst es auf und betrachtest ein Foto, das dir zeigt, warum diese Spannungen da sind, das dir zeigt, warum du dich damals schützen mußtest, damals, als du noch klein warst, damals, als du noch nicht verstanden hast . . .

Und du betrachtest noch ein anderes Foto, und auch wenn du nicht gleich alles verstehen kannst, erkennst du doch, daß das alles deine Vergangenheit war, und du siehst dir auch noch ein anderes Foto an. Und dann erklärst du dem Hüter des Herzens wieder in deinen Worten, daß diese Fotos gemacht wurden, als er klein und hilflos war, der Körper schwach und abhängig von anderen . . .

Aber das Kind scheint dich nicht zu verstehen, und da erklärst du ihm noch deutlicher in deinen Worten, dort drinnen bei dir, daß es jetzt nicht länger schutzlos ist, daß es jetzt diese uralte Spannung loslassen kann, erklärst ihm, daß es völlig sicher ist, diese Spannung zu lösen, die so lange da war . . .

Musik: Rosepetals (Sampler 1)

Erkläre ihm, daß die Vergangenheit vorbei ist, daß die Gefahr vorüber ist, der Kampf ein Ende hat . . .

Und da scheint es zu verstehen, und du gehst zu ihm und nimmst es in den Arm und flüsterst ihm zu, daß die Vergangenheit vorbei ist, die Gefahr vorüber ist. Und da entspannt es sich etwas, beginnt zu verstehen, daß es die Vergangenheit loslassen kann, und es erlaubt dir, zusammen mit ihm die Burg abzubauen, den Schutt beiseite zu räumen, und dann nimmt es seinen goldenen Schlüssel und öffnet das Tor zum Herzen . . .

Und als es das Tor öffnet, öffnet sich dein Herz, und du spürst, wie warmes goldenes Licht, eine feine Energie, aus deinem Herzen fließt. Dein Körper ist schon entspannt, und dieses warme goldene Licht, diese Energie beginnt durch den Körper zu strömen. Und jede Zelle deines Körpers öffnet sich diesem Licht, der Energie. Der Energie des Herzens . . .

Und alles, was angespannt, steif und leblos war, nimmt diese Energie auf. Erfrischt jede Zelle, jede Faser des Körpers . . .

Und das Kind ist glücklich und strahlend und hüpft vor Freude, daß das Herz sich öffnet, daß alles fließt und strömt und warm ist. Und da lacht es sein Kinderlachen und nimmt dieses Buch der Vergangenheit und reißt Seite für Seite heraus. Und jede Seite löst sich in der goldenen Wärme des Herzens, verschmilzt mit dem Licht zu noch mehr Energie und Wohlgefühl, und das öffnet alles sogar noch mehr . . .

Und es weiß, daß es aufhören kann, ein Hüter des Herzens zu sein. Es kann die Furcht fallenlassen. Die Spannung ist unnötig, die Gefahr ist vorbei . . .

Musik: On my Wings (Sampler 1)

Und der ganze Körper öffnet sich noch weiter diesem Licht und der Wärme aus deinem Herzen. Und du breitest dieses Licht aus, breitest die Wärme aus, soweit es dir deine Vorstellung erlaubt . . .

Es strahlt über dich hinaus, über deinen Körper, über den Raum hinaus in den Himmel, und das Licht deines Herzens scheint hinaus in die Unendlichkeit und berührt die Ewigkeit. Und während das geschieht, erkennst du, daß dein Körper ein starker Körper ist, daß du ein starker und fähiger Erwachsener bist, daß dein Weg ein Weg des Herzens ist . . .

Und noch einmal siehst du, wie sehr sich das Kind freut, daß es frei ist von alten Ängsten, und du versprichst ihm wiederzukommen, wann immer es nötig sein sollte, um ihm noch einmal zu sagen, daß die Vergangenheit vorbei ist, die Angst vorüber . . .

Und dann verabschiedest du dich von ihm und beginnst wieder zu wachsen. Wirst wieder so groß wie dein physischer Körper, fühlst die Wärme in ihm und das Licht und weißt auf einer tiefen Ebene, daß ein goldenes Licht scheint — nicht nur für dich, sondern für jeden Menschen, für diese Schöpfung . . .

Und du stellst dir vor, deinen Körper zu bewegen in diesem goldenen Licht, dieser Energie; tanzt mit deinem Körper, der leicht ist und frei, mehr in Harmonie mit dem Universum, verbunden mit den Kräften der Schöpfung. Energie fließt frei in dir und durch dich, und du wirst zu einer Sonne — einer Sonne mit Armen und Beinen und einem Kopf. Und du streckst die Arme aus zu der einen, der ewigen Sonne und dankst der Quelle deiner Energie, der Quelle des Lebens . . .

Und dann kommst du langsam wieder zurück, dich erinnernd, daß dein Weg ein Weg des Herzens ist. Und du stehst auf von dem roten Bett, das dich geschützt hat, gehst die Treppen hinauf von 10 nach 9, beginnst tiefer zu atmen, nach 8 . . ., tiefer einatmen, nach 7 . . . und 6 und dich langsam wieder bewegen, nach 5, deine Füße, nach 4, die Arme, nach 3, dich recken und strecken und deine Energie spüren, nach 2, und wieder völlig wach und hier, 1. Du bist wieder völlig wach und völlig hier.

Anhang

Danksagung

Zunächst danke ich *dir*, immerhin hast du mir bis hierhin deine Aufmerksamkeit geschenkt, und ich bin sicher, daß dich dieses Buch noch lange bereichern kann. Das Loslassen hat kein Ende . . .

Ich danke aber auch Dr. Deborah Ross und Dr. Marc Lehrer, die mich in die Kunst der Trancearbeit einführten, und auch Rick Shoulders, bei dem ich so viele wertvolle Trancereisen machen durfte.

Noch heute denke ich gern an meine Rebirthingausbildung im Shree Rajneesh Ashram in Poona zurück und auch an Marita und Jochen, von denen ich später noch viel hinzugelernt habe.

Natürlich danke ich auch Leonard Orr, der einige Seminare in unserem Institut in Berlin hielt, und Virginia Satir, die mich die Geheimnisse meiner Gesichter lehrte. Mein Dank gehört nicht zuletzt Indra und Paripurna, die das Manuskript getippt haben, und Kamal sowie Anugama, die die schöne Musik zu meinen Trancereisen schufen.

Ich danke auch dem Walter Verlag für die freundliche Überlassung der Zitate aus dem Buch von Khalil Gibran: *Der Prophet*, das ich allen Lesern ausdrücklich empfehlen möchte.

Einladung

Ich lade dich ein, mit mir über deine Erfahrungen zu korrespondieren. Du kannst auch bei mir Informationen über Rebirthing-Gruppen in deiner Nähe erhalten. Wende dich bitte an:

Burkhard Schroeder, c / o Antinous Institut,
Mansteinstr. 14, 1000 Berlin 30

Der Autor

Burkhard Schroeder studierte Psychologie, Erwachsenenbildung und Soziologie, bevor er sich der humanistischen Psychologie zuwandte. Aus Begegnungen mit vielen Vertretern heutiger Atemtherapien sowie Schamanen und Heilern und aus dem Studium der Naturheilkunde entstand im Verlauf von acht Jahren seine in diesem Buch vorgestellte Synthese. Burkhard gibt Seminare und Ausbildungsgruppen in Rebirthing und Hypnosetherapie in Deutschland, Sri Lanka, Thailand und Brasilien.

Musikverzeichnis

1. Für die Trancereisen

Environment 1 + 2	MC 918 + MC 917	
Floating Gently	MC 901	
Like the Ocean	MC 902	
Silhouette	MC 932	
Sounds of the Heart	MC 907	
Sampler 1	MC 922	Nightingale Records

Außerdem:

Corridors of Time, Steven Halpern	Halpern Sounds
Inkarnation	Satva Unique Sound

2. Für die Rebirthingsitzungen

Samul Nori, Drums of Korea	Nonesuch 72093 1
Pipes of Pan at JouJouka	ESS 63009
Urtöne 1 (Erde, Sonne, Mond)	Bauer Verlag

3. Rebirthing AtemEkstase — Die Kassette zum Buch

Einführende Atemübungen und eine geleitete Rebirthingsitzung mit anschließender Musikentspannung. 2 x 45 Minuten. Erhältlich beim SYNTHESIS VERLAG, Postfach 143206, D-4300 Essen 14.
(siehe genaue Angaben hinten im Buch)

4. Fertig zusammengestellte Musik-Cassetten

von Burkhard Schroeder besprochen, je ca. 2 x 50 Minuten, als Cassette oder als CD erhältlich bei:
Nightingale Records, Bamberger Str. 4, D-8550 Forchheim

Titel:
Awaken 1 (Tiefenentspannung / Regenbogenreise)
Awaken 2 (Partnermeditation / Herzreise)
Awaken 3 (Unendlichkeit / Mit neuen Augen)

Literatur

Marcus Allen: *Tantra im Westen,* Werkstatt Edition, Laufenberg 1982

Bandler / Grinder: *Metasprache und Psychotherapie,* Junfermann Verlag, Paderborn 1984

Leo Buscaglia: *Leben Lieben Lernen,* Goldmann, München 1986

Cousto: *Die kosmische Oktave,* Synthesis Verlag, Essen 1984

Piero Ferrucci: *Werde was du bist,* rororo Sachbuch Transformation, Reinbek bei Hamburg 1986

Khalil Gibran: *Der Prophet,* Walter Verlag, Olten 1973

Stanislav Grof: *Topographie des Unbewußten,* Klett Cotta, Stuttgart 1978

Jean Houston: *Der mögliche Mensch,* Sphinx, Basel 1984

Ron Kurtz: *Körperzentrierte Psychotherapie,* Synthesis Verlag, Essen 1985

Leonard / Laut: *Rebirthing,* Trinity Publications, Hollywood 1983

J. Lilly: *Das Zentrum des Zyklons,* Fischer Verlag, Frankfurt / M. 1976

Anand Margo: *Tantra-Weg der Ekstase,* Sannyas Verlag, Meinhard Schwebda, 1982

Masters und Houston: *Phantasiereisen,* Kösel Verlag, München 1984

Peter Orban: *Die Reise des Helden,* Kösel Verlag, München 1983

Orr / Ray: *Rebirthing in the New Age,* Celestial Arts, Berkeley 1978

John Pierrakos: *CORE-Energetik,* Synthesis Verlag, Essen 1987

Bhagwan Shree Rajneesh: *Der Höhepunkt des Lebens,* Rajneesh Foundation, Europe 1985

Virginia Satir: *Your Many Faces,* Celestial Arts, Berkeley 1978

Ron Smothermon: *Meisterschaft im Leben,* Context Verlag, Bielefeld 1986

Bisher erschienene Titel im Synthesis-Verlag

A. Wallace, B. Henkin: **Anleitung zum geistigen Heilen**

Die Autoren beschreiben — auf dem Erfahrungsgrund der Humanistischen Psychologie —, wie sie zum Heilen angeleitet worden sind, ihre Erfolge und die Grenzen dieser Kunst, andere zu heilen. Darüber hinaus zeigen sie eine umfassende Reihe einfacher Übungen für den Anfänger auf und fortgeschrittene Techniken für den, der sich schon mit geistigem Heilen beschäftigt. In der praktischen Anleitung zeigen sie die Beziehung des Heilens zum Vertrauen, zu Weltanschauungen, Träumen und kosmischer Bewußtheit auf.

228 Seiten, 2. Auflage DM 24,—

Ken Dychtwald: **KörperBewußtsein**

Basierend auf den Arbeiten von W. Reich, I. Rolf, M. Feldenkrais, F. Perls, W. Schutz, A. Lowen, St. Keleman, R. Kurtz u. a. und verschiedenen Yoga-Richtungen, verbindet Dychtwald deren Erkenntnisse mit einer Vielfalt von östlichen und westlichen Einstellungen zur Entwicklung des KörperBewußtseins. Es ist das zur Zeit umfassendste und leichtverständlichste System zur Bewußtwerdung und Diagnose des KörperBewußtseins.

320 Seiten, 46 Abb., 4. Auflage DM 34,—

Don Johnson: **Rolfing und die menschliche Flexibilität**

Der Körper ist flexibel, ein fließendes Energiefeld, das vom Moment der Empfängnis bis zum Tod in einem Prozeß der ständigen Veränderung ist.

Inhalt u. a.: Beschreibung von Rolfing-Sitzungen, Rolfing und die anatomischen Grundlagen; soziales Verhalten und die Auswirkungen auf den Körper . . .

164 Seiten, ill., 2. Auflage DM 24,—

Bob Toben: **Raum-Zeit und erweitertes Bewußtsein**

Toben diskutiert in eingehend grafischer Darstellung mit den Physikern J. Sarfatti, C. Suares und F. Wolf in einer verständlichen Wissenschaftssprache die Abhängigkeit unserer Vorstellung vom Universum durch unsere Sinne.

Themen u. a.: Psychokinese, Lichtbiegen, Materialisation, Astral-Reise, Wissen aus dem Universum, Reinkarnation, Aura, Telepathie, Telekinese, Levitation, Geistheilung

180 Seiten, ill., 2. Auflage DM 24,—

Cousto: **Die Kosmische Oktave**

Der Weg zum universellen Einklang

In diesem Buch sind alle Schritte erläutert und formalisiert, um aus astronomischen Beobachtungsdaten die Rhythmen und die Stimmtöne der Erde, des Mondes und der Planeten herzuleiten. Ebenso sind die Berechnungsmethoden zur Feststellung des Sonnentones oder auch der Klänge einer Horoskopvertonung dargelegt.

240 Seiten, 50 Grafiken, zahlreiche Tabellen,
32 Seiten wissenschaftlicher Anhang, 15 Farbtafeln, Hardcover, gebunden DM 39,—

Astro-Tafel — Der Weg zur Astrologie

Wohl die umfassendste farbige Informationskarte zum Thema Astrologie und Harmonik, mit Einführungsheft.

13-Farbdruck (DIN A2) auf besonderem Qualitätspapier DM 16,—

Georg Schäfer und Nan Cuz: **Im Reiche des Mescal — Ein kosmisches Märchen**

Wandere mit Schwarzhaar und dem Schamanen durch Metaphern deiner inneren Welten zum Licht der Erkenntnis . . .

40 Seiten, Großformat, vierfarbig DM 28,—

Vasant Joshi: **Der Erwachte**

„Der Erwachte" ist die erste vollständige Biographie eines der bekanntesten und umstrittensten geistigen Lehrer, Bhagwan Shree Rajneesh.

240 Seiten, zahlreiche Photos DM 24,—

Pir Vilayat Khan: **Der Ruf des Derwisch**

Pir Vilayat Khan ist Leiter des Sufi-Ordens im Westen, der von seinem Vater Hazrat Inayat Khan gegründet wurde. Er ist bestrebt, den Weg und die Essenz der Sufi-Tradition besonders dem westlichen Menschen erlebbar zu machen.

224 Seiten DM 24,—

Hazrat Inayat Khan: **Das Erwachen des menschlichen Geistes**

224 Seiten, zahlreiche Photos DM 24,—

Dr. Malcolm Brown: **Die Heilende Berührung**

Die Methode des direkten Körperkontaktes in der körperorientierten Psychotherapie

Dieses Buch führt zu theoretischer Klarheit und zum praktischen Verständnis einer Yin / Yang-Körpertherapiemethode, eingebettet in eine grundlegende, humanistische, tiefgehende Art der Behandlung. Beeinflußt durch C. G. Jung, A. Maslow, E. Neumann, C. Rogers und D. H. Lawrence entwickelte Brown seine Methode der Lösung der chronischen Muskelspannung und der Reaktivierung der natürlichen geistig / spirituellen Polaritäten der verkörperten Seele und transzendierten Psyche.

340 Seiten, 30 Abbildungen, geb. DM 39,—

Peter Mandel: **Die Energetische Terminalpunkt-Diagnose — aus der Kirlian-Fotografie**

Die E-T-D ist eine Methode, die energetische diagnostische Hinweise, therapeutische Maßnahmen und exakte Therapiekontrolle aufzeigt. Sie basiert auf den Erkenntnissen des russischen Ehepaares Kirlian und der Fotografie der Terminalpunkte, d. h. der Anfangs- und Endpunkte der klassischen Akupunktur.

Die E-T-D, von Peter Mandel entwickelt, weist die Informationsfähigkeit aller am Leben beteiligten Systeme im Energiefluß nach. Ursachen von Krankheitssymptomen werden aus einem E-T-D-Bild herausgelesen. Alle Unregelmäßigkeiten im körperlichen Geschehen lassen sich in einem Abstrahlungsbild sichtbar machen. Jede therapeutische Manipulation läßt sich in einem Abstrahlungsbild positiv oder negativ nachweisen.

220 Seiten, über 150 Fotos und Zeichnungen DM 48,—

Reinhard Flatischler: **Die Vergessene Macht des Rhythmus**

Reinhard Flatischler hat aus schamanistischen Traditionen ein System entwickelt, das mit Gesang und Sprachrhythmen, Klatschen, elementaren Tanzformen und Gesang jeden die Erfahrung der Rhythmuselemente in seinem eigenen Zeitmaß machen läßt.

Die Erfahrungen grundlegender Rhythmuselemente sind auf alle Musikinstrumente übertragbar. Sie sind in der Rhythmik jedes Kulturkreises zu finden und haben psychische Wirkungen, die für alle Menschen gleich sind. Davon ausgehend werden wir die Rhythmuswelten Afrikas, Indiens, Koreas, Brasiliens und Kubas aus ihren Elementen kennenlernen, und selbst den Stellenwert finden, den die Rhythmen dieser Kulturkreise für unser tägliches Leben in Europa haben.

228 Seiten, durchgehend Fotos und Grafiken, ethnischer Farbbildteil, Großformat,
gebunden, Hardcover mit Titelhologramm DM 48,—

Roger Hicks und Ngakpa Chögyam: **Weiter Ozean - DALAI LAMA**

Diese autorisierte Biographie ist die erste Aufzeichnung des Lebens Seiner Heiligkeit seit seiner Autobiographie „Mein Leben und mein Volk" (1962). Es ist auch die erste Darstellung der Leben der vorhergehenden dreizehn Dalai Lamas, die einem breiteren Publikum zugänglich ist.

240 Seiten, 31 z. T. bisher nicht veröffentliche Fotos DM 28,—

Gerda und Mona Lisa Boyesen: **Biodynamik des Lebens**

Die Gerda-Boyesen-Methode — Grundlage der biodynamischen Psychologie

Jeder Körper reagiert in einer Streßsituation mit Anspannung, aus der der gesunde Körper wieder zu seinem Gleichgewicht zurückfindet. Oft geschieht dies jedoch nicht: Hervorgerufene Gefühle oder Ängste werden nicht ausreichend abgebaut oder verarbeitet, und wir verharren in einem unausgeglichenen Zustand. Die Selbstregulation unseres Organismus findet nicht statt, das Ungleichgewicht manifestiert sich in den Muskeln und unseren inneren Organen; besonders dem Verdauungstrakt. Dieser ist das Hauptregulans für die Freilassung nervöser Energien und besitzt damit die Fähigkeit, Neurosen »zu verdauen« und das vitale Energiegleichgewicht im Organismus zu regeln.

Mit dieser Erkenntnis entwickelte Gerda Boyesen in ihrer klinischen Arbeit die Methode der biodynamischen Psychologie, in der sie die Freundsche Psychoanalyse und die dynamische Physiotherapie mit der Vegetotherapie und Orgontherapie W. Reichs zu einer Synthese vereinte und damit die biologische Basis der Psychodynamik legte.

Diese wichtigsten Grundlagentexte zur biodynamischen Psychologie zeigen auf, daß in allen Organismen Lebensenergie oder Bioenergie existiert. Diese sorgt nicht nur für Leben, Kraft und Lebendigkeit des Individuums sowie aller Lebewesen auf Erden, sondern führt auch zu Wohlbefinden und einem allgemein gesteigerten Lebensgefühl.

Die Gerda-Boyesen-Methode wird damit eine der wichtigsten therapeutischen Methoden der nächsten Zeit sein.

200 Seiten DM 29,80

Bodo Baginski & Shalila Sharamon: **REIKI — Universale Lebensenergie**

Reiki wird als jene Kraft definiert, die die Grundlage allen Lebens bildet. Diese universale Lebensenergie kann durch entsprechende Einstimmungen in jedem Menschen geweckt und aktiviert werden, so daß sie als heilende, ordnende und harmonisierende Kraft durch seine Hände fließt. Reiki bewirkt eine Heil-Werdung im ursprünglichen Sinn, denn es führt den Menschen zu einer Harmonie mit sich selbst und den grundlegenden Kräften des Universums zurück.

Da Reiki automatisch und aus sich heraus wirkt, ohne bewußtes Zutun oder Manipulation von seiten des Behandlers, sind für eine erfolgreiche Anwendung keinerlei medizinische Vorkenntnisse noch Diagnosen oder irgendwelche äußeren Hilfsmittel erforderlich.

Die Autoren Bodo J. Baginski und Shalila Sharamon beschreiben in diesem Buch ihre Erfahrungen mit der Reiki-Heilkunst bei Menschen, Tieren und Pflanzen. Sie schreiben über den Ursprung und die Geschichte des Reiki, seine Wirkungsweise, wie man Reiki erlernt, erläutern die verschiedenen Anwendungsmöglichkeiten und geben viele nützliche und hilfreiche Tips für die Praxis des Reiki.

Darüber hinaus enthält das vorliegende Buch ein Verzeichnis über die Hintergrundbedeutung von über 200 Krankheitssymptomen aus geistiger Sichtweise.

240 Seiten DM 28,00

Burkhard Schroeder: **AtemEkstase · Rebirthing**

lehrt Dich das Annehmen allen Seins · Einlassen auf bewußtes Atmen in seiner ursprünglichen Form · Loslassen · Auftauchen ins Leben · Reiten auf den Wellen Deiner Ekstase · Verschmelzen mit dem SEIN · Dich und diese Schöpfung zu lieben.

Rebirthing ist eine wirkungsvolle Methode zur körperlichen, emotionalen und geistigen Reinigung und ein effektiver Weg persönlichen Wachstums. Ein gewaltloser Weg, der Dich lehrt, Deiner Energie zu vertrauen, mit ihr zu fließen, loslassen, zu tun durch Nicht-Tun, Dein Atem wird Dir helfen herauszufinden wer Du bist, Dich anzunehmen und Dein Herz zu öffnen für Schönheit und Ruhe, Lebendigkeit und Lebensfreude.

128 Seiten DM 19,80

David Boadella: **Lebensströme**

Theorie und Praxis der Biosynthese

Die Biosynthese ist eine therapeutische Methode, die von David Boadella in den letzten 15 Jahren entwickelt wurde. Sie hat die Integration von Körper, Seele und Geist zum Ziel. Ihre wichtigste Grundlage ist Wilhelm Reichs Vegetotherapie, die mit der Auflockerung der defensiven Muskelpanzerung des Körpers arbeitet, um das lustvolle Pulsieren der Lebensenergie im Organismus zu wecken und damit die Selbstregulierung der Heilungskräfte zu stimulieren.

Die Biosynthese geht von drei fundamentalen Energieströmen im Körper aus, die mit der Entwicklung des Embryos aus den drei Keimblättern (Entoderm, Mesoderm, Ektoderm) verbunden sind. Diese drei Ströme realisieren sich in einem Fluß von emotionalem Leben durch die inneren Organe des Körpers, von Bewegung durch die Muskelwege, von Wahrnehmungen, Gedanken und Bildern durch das Nervensystem. Streß vor der Geburt oder während der Kindheit zerstört das Zusammenspiel dieser drei Kräfte.

Diese Wiedervereinigung von Fühlen, Handeln und Denken bildet die äußere Basis der Biosynthese, der eine innere Basis zugehörig ist, die die Essenz jeder einzelnen Person darstellt. In diesem Bereich geht es der Biosynthese um ein geistig-seelisches Zentrieren, das innere Bilder mit der Atembewegung verbindet und das Energiefeld des Körpers ins Gleichgewicht bringt.

240 Seiten, gebunden DM 36,00

Titel in Vorbereitung

Richard S. Heckler: **Aikido und der Krieger des neuen Bewußtseins**

Meister Uyeshiba, Begründer des Aikido, entwickelte eine Kampfart, die die innere Kraft des Menschen stärkt, ohne Rivalität und Streit. Durch die im Aikido entwickelten Methoden zeigt er eine Alternative zu unserer derzeitigen Form des erdrückenden Militarismus, bzw. eines aufopfernden Pazifismus auf. Das Elementarste an Meister Uyeshibas Aikido aber ist der spirituelle Pfad, der die Menschen lehrt, ihr Ki, ihre Energie mit dem Ki des Universums zu verbinden, um in einer Welt der Harmonie, Zentriertheit und des Mitgefühls zu leben.

Besonders in einer Zeit, in der die spirituellen Werte von der ständigen Gratwanderung der menschlichen Vernichtung oder des Überlebens überdeckt werden, wird bewußt, daß die im Aikido enthaltene Botschaft für uns von Bedeutung ist.

David V. Tansley: **RADIONICS - Energetische Diagnose & Behandlung**

Radionics ist ein System der Diagnose & Behandlung, das die menschliche Fähigkeit der übersinnlichen Wahrnehmung direkt mit einbezieht, um somit die tiefliegende Bedeutung der Krankheit in einem lebenden Organismus zu erkennen.

Diese Kunst des Heilens entwickelte sich aus einem Bereich der medizinischen Forschung von Prof. Dr. A. Abrams, der aufzeigte, daß Leben - und somit auch Krankheit - schwingende Energie ist, die somit auch energetisch behandelt werden kann. Die moderne Physik bestätigt dieses Modell seit langem.

Radionics kann in jeder Therapieform praktiziert werden. Überwiegend wird sie in Verbindung mit Homöopathie, Schüssler Salzen und der Bach-Blüten Therapie angewandt. Radionics ist ein sanfter Ansatz zur Heilung, frei von den unliebsamen Nebeneffekten der herkömmlichen medikamentösen Therapie.

David Tansley, die führende Autorität auf dem Gebiet der Radionics, beantwortet in diesem Buch u. a.: Wie arbeitet Radionics? Wie kann ein Therapeut die Diagnose stellen und die Behandlung ausführen, ohne den Patienten zu sehen? Was umfaßt eine Radionics Diagnose? Welche Krankheiten können mit dieser Methode behandelt werden?

Radionics sieht die Situation einer Krankheit energetisch. Je mehr wir das menschliche Sein als energetischen Prozeß erkennen, um so größer wird die Bedeutung, die Radionics als energetische Therapie in der kommenden Zeit einnehmen wird.